WOLFGANG HÄDE

Mein Schwager – ein Märtyrer

Für Necati
- der »sein Leben nicht liebte bis zum Tod«
und der jetzt in der Schar der Märtyrer
vor dem Thron des allmächtigen Gottes steht

Wolfgang Häde

Mein Schwager – ein Märtyrer

Die Geschichte
des türkischen Christen
Necati Aydin

n(v)
Neufeld Verlag

FSC
Mix
Produktgruppe aus vorbildlich bewirtschafteten Wäldern und Recyclingholz oder -fasern
Zert.-Nr. SGS-COC-003091
www.fsc.org
© 1996 Forest Stewardship Council

Die Deutsche Bibliothek verzeichnet diese Publikation in der Deutschen Nationalbibliografie; detaillierte bibliografische Daten sind im Internet über www.ddb.de abrufbar

Umschlaggestaltung: spoon design, Olaf Johannson
Umschlagbilder: Wolfgang Häde/© ShutterStock®
Bilder im Innenteil: Wolfgang Häde/Privat
Lektorat: Nicole Schenderlein, Dornum
Satz: David Neufeld, Schwarzenfeld
Herstellung: Bercker Graphischer Betrieb GmbH & Co. KG, Kevelaer

ISBN 978-3-937896-81-6, Bestell-Nummer 588 781

www.neufeld-verlag.de

NEUFELD VERLAG

Inhalt

Anmerkungen

Hinweis zu den Namen

Zum Schutz mancher Personen wurden ihre Namen geändert. Die türkischen Namen und Orte wurden im Buch nicht in Umschrift, sondern in der Originalschreibweise wiedergeben – abgesehen von den im deutschen Alphabet fehlenden türkischen Buchstaben.

Hinweis zur Aussprache

Der Name Necati Aydin wird etwa wie »Nedschati Aiden« – stimmhaftes »dsch« wie im englischen Namen »John« – ausgesprochen, der Name »Semse« etwa wie »Schemsa«. Bei »Ugur« wird das »g« nicht gesprochen, er wird etwa betont wie ein gedehntes »Uur«. Der Name von Necatis und Semses Sohn Elisa Günes wird Elischa Günesch ausgesprochen.

Vorwort

Christen in Deutschland sind heute wahrscheinlich über den Verdacht erhaben, sich zu sehr nach Leiden zu sehnen. Messbarer Erfolg und möglichst reibungslose Befriedigung der Bedürfnisse scheinen auch für das geistliche Leben die Messlatte zu sein. Gleichzeitig bemerke ich jedoch so etwas wie eine Sehnsucht nach Märtyrern. Menschen wie Dietrich Bonhoeffer oder Martin Luther King wird eine große Achtung entgegengebracht.

Ich bin überzeugt, dass sich Menschen in Deutschland Visionen und Ziele wünschen, für die es sich lohnt, zu leben und zu sterben – und Vorbilder, die darüber nicht nur philosophieren, sondern das auch praktizieren. Wir brauchen Märtyrer!

Im Jahr 2007 haben drei Männer ihr Leben hingegeben – ganz eindeutig als Christen. Sie waren treu bis zum letzten Atemzug. Ihr Tod zog die Linien ihres Lebens weiter, selbst in der Art des Todes ähnelten sie »Opferlämmern«. Sie waren authentische Nachfolger ihres Herrn Jesus Christus.

Ich war in diesem Geschehen mittendrin; die Mörder wollten eigentlich auch mich töten, und einer der Männer war mein Verwandter, der türkische Pastor Necati Aydin: Mein Schwager – ein Märtyrer.

Wolfgang Häde

Der 18. April 2007

Dieses Datum werde ich vermutlich mein Leben lang nicht vergessen können. Gerade ist in Kadiköy, dem antiken Ort Chalcedon, der heute ein Stadtteil der türkischen 12-Millionen-Metropole Istanbul ist, eine Besprechung mit anderen Pastoren zu Ende gegangen. Ich habe ein Ticket gekauft, um per Überlandbus die 75-minütige Rückreise nach Izmit anzutreten. Dort wirke ich mit meiner Frau Janet und unserer knapp 9-jährigen Tochter Debora seit über fünf Jahren beim Aufbau einer evangelischen türkischen Gemeinde mit.

Ich rufe Janet an, damit sie weiß, wann ich zu Hause sein werde: »Wolfgang, gerade habe ich mit Semse gesprochen. Es hat einen Überfall auf Necatis Büro im christlichen Zirve-Verlag in Malatya gegeben. Sie weiß noch nichts Genaues«, erklärt sie mir.

Sofort versuche ich, Necati anzurufen. Er ist der Mann von Semse, der jüngeren Schwester meiner Frau, und Pastor einer kleinen evangelischen Gemeinde in Malatya, im Osten der Türkei. Ich bekomme keine Antwort von seinem Handy. Aber ich habe noch zwei weitere Handynummern von Necati gespeichert. Als ich sie wähle, klingelt jeweils das Telefon. Dass niemand abnimmt, weckt schlimme Befürchtungen in mir.

Ich rufe Semse an. Sie klingt erstaunlich ruhig: »Über Umwege wurde ich informiert, dass auf das Büro des Zirve-Verlags geschossen wurde. Ich habe jetzt das Fernsehen an. Wir müssen einfach beten!«

Ich muss in den Bus einsteigen. Dann überschlagen sich die Meldungen. Christen aus Istanbul rufen mich an: David meldet sich, ein amerikanischer Missionar, dann Sara, die Frau eines Pastors aus Istanbul, dann Caner, ein türkischer Bruder. Jeder gibt mir die Information weiter, die gerade eine der vielen Fernsehstationen über den Bildschirm laufen lässt: »Vier Christen sind ermordet worden!«

»Wahrscheinlich ist Necati dabei!«

»Eine gute Nachricht: Gerade hat ein Fernsehsender vier andere Namen durchgegeben!«

»Einer der Toten gehörte zu den Mördern!«

»Es tut mir sehr leid, es hat sich jetzt doch bestätigt, dass Necati dabei war.«

Eigentlich ist es verboten, während der Fahrt zu telefonieren. Der Reisebegleiter im Bus scheint aber zu merken, dass etwas Außergewöhnliches vor sich geht. Er lässt mich gewähren.

Ich fühle mich wie in eine ganz andere Wirklichkeit versetzt. Meine erste Reaktion auf die so erschreckenden Anrufe: *»Isa'nin adi yüceltilsin!* – Der Name von Jesus werde erhöht!«

Als ich zu Hause in Izmit ankomme, haben sich schon Glaubensgeschwister aus unserer kleinen Gemeinde in unserer Wohnung eingefunden. Für Türken ist es selbstverständlich, bei einem Todesfall sofort zum Haus des Verwandten oder nahen Bekannten zu eilen, um Trost zu spenden, ihn nicht alleine zu lassen, bei praktischen Verrichtungen zu helfen, einfach da zu sein. Ich bin in diesem Moment dankbar für diesen Bestandteil der orientalischen Kultur.

Die groben Fakten der schrecklichen Ereignisse sind mittlerweile zur Gewissheit geworden. Mehr Einzelheiten erfahren wir in den kommenden Stunden und Tagen:

Am Vormittag des 18. April kommen zwei junge türkische Männer in das Büro des Zirve-Verlags: Emre Günaydin und Abuzer Yildirim. Wie schon ein paar Mal in den Wochen zuvor möchten die Männer sich angeblich über den christlichen Glauben informieren.

Necati will die Gelegenheit nutzen, um ihnen von Jesus zu erzählen, obwohl er seiner Frau vorher gesagt hat, er halte das Interesse der Männer für nicht sehr aufrichtig. Dass sie jetzt zwei große Messer und eine Schreckschusspistole bei sich haben, weiß Necati nicht.

Außer Necati ist auch Tilmann Geske im Büro, ein deutscher Christ, der seit Jahren in der Türkei wohnt und nun neben seiner beruflichen Tätigkeit als Englischlehrer in der von Necati geleiteten evangelischen Gemeinde von Malatya mitarbeitet. Ugur Yüksel kommt dazu. Seine Heimat ist die Nachbarstadt Elazig. Seit gut einem Jahr ist auch er Mitarbeiter im Zirve-Verlag.

Wie es zur türkischen Gastfreundschaft gehört, wird Tee angeboten. Nach kurzem Gespräch klingelt es an der Tür. Emre erklärt, dass gerne noch drei weitere Freunde bei der Diskussion dabei sein wollen. Dann stehen auch Hamit Ceker, Cuma Özdemir und Salih Gürler den drei Christen gegenüber. Mitgebracht haben sie, in Plastikbeuteln versteckt, drei weitere große Messer, ausreichend Wäscheleine und Plastikhandschuhe, außerdem noch zwei Schreckschusspistolen, die selbst von Experten auf den ersten Blick schwer von einer scharfen Waffe zu unterscheiden sind.

Der genaue Hergang des Massakers, das dann folgt, ist bis heute nicht eindeutig zu rekonstruieren. Die Mörder versuchen später vor Gericht, sich die Hauptschuld gegenseitig zuzuschieben, und geben daher widersprüchliche Aussagen zu Protokoll. In groben Umrissen sieht der Tathergang aber so aus:

Die jungen Männer bedrohen Necati, Ugur und Tilmann mit der Pistole und den Messern. Dann werden alle drei an Armen und Beinen gefesselt und mit dem Gesicht nach unten auf den Boden des Büros geworfen. Die drei Christen werden beschimpft, »verhört«, wahrscheinlich auch dazu gedrängt, ihren Glauben zu widerrufen.

Als später der Richter einen Mörder danach fragt, ob die Opfer denn gar nichts erwidert hätten, wird aktenkundig, wie erstaunlich ruhig die drei selbst angesichts des Todes gewesen sein müssen. Aktenkundig wird auch, dass Ugur »Christus!« gerufen habe, als seine Brüder ermordet wurden.

Einer der Mörder versucht, Necati mit der Wäscheleine zu erdrosseln. Als Semse später davon erfährt, ruft das bei ihr besonderes Entsetzen hervor: Eine der größten Ängste von Necati sei Zeit seines Lebens die Angst vor engen Räumen und Atemnot gewesen.

Alle drei werden dann mit Messerstichen und Fußtritten am ganzen Körper gefoltert. Die gerichtlichen Autopsieberichte sprechen später von Würgespuren sowie sechs Messerstichen und -schnitten bei Necati, sechzehn Messerstichen und -schnitten bei Tilmann und vierzehn bei Ugur.

Die Mörder vollenden ihre grausame Tat, indem sie ihren Opfern von hinten – auf ihnen kniend – die Halsschlagadern durchschneiden und sie verbluten lassen.

Ugur ist an der Reihe, als die Polizei schon naht. Trotz der Transfusion von fünfzig Bluteinheiten stirbt er im Krankenhaus gegen 18 Uhr 30 an seinen Verletzungen.

Gökhan, ein türkischer Praktikant in der Gemeinde Malatya, und seine Frau Özge sind kurz vor 13 Uhr zum Büro des Verlages gekommen. Als Gökhan merkt, dass die Bürotür verschlossen ist und der Schlüssel von innen steckt, versucht er, seine Glaubensbrüder per Handy zu erreichen. Necati und Tilmann können nicht mehr antworten. Sie sind bereits tot.

Ugur sagt auf Druck der Mörder ins Telefon: »Wir sind im Hotel ›Goldene Aprikose‹ zu einer Versammlung. Du kannst uns dort treffen.« In diesem Hotel hatten sie vor zehn Tagen in einem gemieteten Raum Ostern gefeiert. Aber was sollten die Männer jetzt dort zu tun haben? Ugurs Stimme klingt zu ungewöhnlich und gequält: Gökhan ruft die Polizei.

Beim Versuch, der Polizei zu entkommen, stürzt Emre Günaydin, der Haupttäter, vom Balkon der dritten Etage. Er ist der vierte, anfangs als tot gemeldete Mann. Er erleidet schwere Verletzungen und ist erst nach Wochen vernehmungsfähig. Die vier anderen Mörder werden am Tatort verhaftet.

Polizisten tragen Necati und Tilmann tot in schwarzen Tüchern aus dem Haus. Das Bild des verblutenden Ugur, der noch seine Hand hebt, um auf seine schlimmsten Wunden zu zeigen, geht um die Welt.

Klar ist die Motivation der Mörder: Sie sahen im »Missionarswesen« eine Gefahr für ihre Religion und ihr Land und wollten dem Einhalt gebieten. Wären sie nicht auf frischer Tat ertappt worden, so sagen sie später aus, dann wären sie noch nach Izmit in der Westtürkei gereist. Dort wollten sie auch Pastor Wolfgang, den Schwager von Necati Aydin, aus dem Weg räumen, und damit »dem Missionarswesen zwei Beine brechen«. Pastor Wolfgang – das bin ich.

Am nächsten Tag fliegen wir nach Malatya in den Osten der Türkei. Eine Busreise würde rund vierzehn Stunden dauern. In der Wohnung meiner Schwägerin Semse haben sich schon Christen aus verschiedenen Orten der Türkei versammelt, um die Witwen und die kleine christliche Gemeinde dort zu unterstützen. Dazu kommen immer wieder Reporter von Zeitung und Fernsehen. Die Malatyamorde sind zum Medienereignis geworden.

Die Tage bis zur Beerdigung von Necati am 21. April sind voll von bewegenden und erschütternden Eindrücken: Für Tilmann, der auf Wunsch seiner Familie am Freitag in Malatya begraben werden soll, finden sich anfangs keine Totengräber. Am Freitag, dem muslimischen Feiertag, einen Christen zu begraben, scheint nicht angemessen zu sein. Christen, die aus anderen Städten herbeigereist sind, beginnen schließlich, selbst ein Grab in den harten Boden zu graben.

Der älteste Bruder Necatis kommt aus Izmir hergereist. Statt aber lediglich sein Mitgefühl auszudrücken, verlangt er im Namen der ganzen Familie die Leiche seines Bruders, um sie nach islamischem Ritus zu begraben. Semse lehnt das natürlich ab.

Schließlich ist Necatis Sarg, der zur Beerdigung nach Izmir gebracht werden soll, zu groß, um durch die Röntgenkontrolle am Flughafen geschoben zu werden. Auf penetrante Weise wollen die Verantwortlichen keine Abstriche an den Sicherheitsvorschriften machen. Ein Christ, der dabei steht, bemerkt bitter: »Nicht nur vor den Lebenden haben sie Angst, sondern sogar vor den Toten.«

Für mich sind der 18. April und die folgenden Tage von ganz eigenartigen Gefühlen geprägt. Bitterer Schmerz begleitet den Abschied von meinem geliebten Schwager. Gleichzeitig fühle ich mich dem Himmel besonders nah. In diesen Tagen bleibt sozusagen die Zeit stehen und ein kleiner Blick in eine andere Welt wird gewährt, in die Welt Gottes, in der andere Maßstäbe und andere Werte gelten: Drei Leben wurden »im blühenden Alter« auf brutale Weise aus-

Necatis Beerdigung.

gelöscht – aber aus Gottes Sicht war das kein Auslöschen, sondern ein Erhöhen in die Herrlichkeit. Scheinbar sinnlos wurden sie abgeschlachtet – aber wie das unschuldig vergossene Blut Jesu der Welt Rettung brachte, so wird das Blut dieser Männer nach einem bekannten Zitat des Kirchenvaters Tertullian »Same der Gemeinde Jesu« in der Türkei sein.

Die Mörder scheinen es geschafft zu haben, die großen Möglichkeiten zum wirkungsvollen Dienst für Jesus, die Necati als einer der noch so wenigen hingegebenen Christen in der Türkei und als ein Leiter mit großem Potential für die Zukunft hatte, einfach zunichtezumachen – aber das »Weizenkorn, das in die Erde fiel und starb« (nach Johannes 12,24), wird gerade durch den Tod weit mehr geistliche Frucht bringen, als es selbst durch weitere dreißig oder vierzig Jahre evangelistischen und pastoralen Einsatzes möglich gewesen wäre.

Typisch türkisch?

Als wir Necati im Sommer 1996 kennenlernten, ahnten wir nicht im Entferntesten, dass der junge schmächtige Mann vor uns der erste Märtyrer der türkischen Kirche seit Gründung der Türkischen Republik sein würde.

Meine Schwägerin Semse stand damals kurz vor der Verlobung mit Necati. Wir waren aus Deutschland zum Sommerurlaub nach Izmir an der Westküste der Türkei, dem antiken Ort Smyrna, gekommen. Semse hatte uns schon von Necati erzählt, aber nun sollten wir ihn bei einem Picknick persönlich kennenlernen.

Necati war damals vierundzwanzig, wirkte aber jünger. Man merkte ihm die Spannung an, von uns »begutachtet« zu werden. Unser erster Eindruck: Ein sehr höflicher junger Türke, der uns als den »Älteren in der Familie« ausdrücklichen Respekt entgegenbrachte, aber eher schüchtern, ein bisschen »überintellektuell« und unsicher wirkte – sein Wortschatz war von alten arabischen, für mich unverständlichen Wörtern geprägt. Die Wortwahl wies auf eine Herkunft aus streng islamisch geprägtem Umfeld und seine bewusste Aneignung dieser Prägung hin. Moderne, westlich orientierte Türken vermeiden eher die alte religiöse Sprache.

An Einzelheiten unserer Gespräche beim Picknick kann ich mich nicht mehr erinnern – wohl aber daran, dass meine Frau und ich von der Beziehung zwischen Necati und Semse nicht voll überzeugt waren. Necati war vier Jahre jünger als Semse, er war durch ihre Mithilfe zum Glauben an Jesus gekommen, und wie tief dieser Glaube wurzelte, konnten wir noch nicht beurteilen. Musste nicht gerade in der türkischen Kultur der Mann der Stärkere, der Führende sein? Hatte er klar genug seinem altem Glauben abgesagt und wirklich in Jesus Christus den Halt seines Lebens gefunden? Nur dann würden er und auch die zu gründende Familie den

Necati und Semse.

besonderen Herausforderungen für Christen in der Türkei standhalten können.

Zwischen meiner Frau Janet und ihrer jüngeren Schwester Semse kam es nach dem Ende unseres Urlaubs zu langen Telefongesprächen. Janets Haupttenor dieser Gespräche war Mahnung zur Vorsicht in dieser Beziehung.

Über Necatis Leben erfuhren wir erst später mehr. Viele Aspekte seiner Geschichte sind typisch für ein Leben in der heutigen Türkei. Seit Jahrzehnten erlebt die Türkei einen raschen und tief gehenden Wandel. Dazu gehören Wanderungsbewegungen innerhalb des Landes und ins Ausland. Davon war auch Necatis Familie betroffen.

Sein Vater Enver Aydin ist kleiner Beamter. Von seiner verstorbenen ersten Frau bringt er zwei Töchter mit in die Ehe mit Necatis Mutter Bahar. Nach weiteren drei Jungen und drei Mädchen kommt als letzter Sprössling 1972 Necati zur Welt.

Necati als Jugendlicher, als Kind und in Schuluniform.

Die Familie Aydin lebt in Hinis in der weit im türkischen Osten gelegenen Provinz Erzurum. Die Wurzeln des Vaters reichen aber noch weiter nach Nordosten. Er ist Tscherkesse, seine Vorfahren stammen aus dem Vielvölkergebiet des Kaukasus.

Das Osmanische Reich, aus dem die moderne Türkei nach dem ersten Weltkrieg hervorging, umfasste zahlreiche Volksgruppen, deren Spuren man auch heute noch bei vielen Menschen begegnet, die sich als Türken bezeichnen.

1975 entschließt sich der mittlerweile weit über 60-jährige und pensionierte Vater, mit Frau und Kindern in den Westen der Türkei umzuziehen. Viele Menschen aus dem türkischen Osten erhoffen sich in den Zentren der Westtürkei bessere Zukunftsaussichten für ihre Kinder. Nach einem kurzen Aufenthalt in Eskisehir siedelt sich die große Familie schließlich in Menemen in der Provinz Izmir in der ägäischen Region an. Dort verbringt Necati seine Kindheit.

Durchschnittlich türkisch sind auch die Lebensverhältnisse, in denen der kleine Necati aufwächst. Der Vater kauft vom Ersparten ein klcines Haus, das seine Familie vor der für viele Familien erdrückenden Mietlast schützt. Die große Familie ist nicht bitterarm, hat aber gerade immer nur genug für das Nötigste, und jeder muss, so gut es geht, zum Lebensunterhalt beitragen.

So verdient Necati schon als Kind Geld als Schuhputzer und mit verschiedenen anderen einfachen Tätigkeiten. Als Jugendlicher arbeitet er mit einem seiner großen Brüder in den Ferien auf der

Baustelle. Obwohl er eher klein und dünn ist, schleppt er schwere Eimer mit Putz von der Mischmaschine hoch auf den dritten oder vierten Stock der Baustelle. Manchmal arbeitet er auch bei einem Schreiner und muss dabei Holztüren herumtragen, deren Gewicht nicht weit unter seinem eigenen liegt. Vermutlich haben Bandscheibenprobleme, die ihn später belasten, ihre Ursache in dieser harten Kinderarbeit.

Necati lernt in dieser Zeit, fleißig und hart zu arbeiten und damit andere zu unterstützen. Auch als er später ins eigentliche Berufsleben einsteigt, trägt er noch von seinem Verdienst zur Versorgung der Familie bei und kauft zusätzlich gern kleine Geschenke für seine Nichten und Neffen.

Als das Nesthäkchen der Familie wird Necati besonders von seiner Mutter umsorgt. Gerne sitzt er auf ihrem Schoß. Charakterlich scheint Necati aber eher seinem Vater näher gewesen zu sein. Er beschreibt ihn als sehr sanftmütigen Menschen, aus dessen Mund er niemals einen Fluch gehört habe – was eher ungewöhnlich für türkische Männer ist.

Wie für viele Menschen in der Türkei ist auch für Necati die Familie der feste Bezugspunkt seines Lebens. In der Familie, womit meist die Großfamilie gemeint ist, findet der Einzelne Anerkennung, Geborgenheit und Sicherheit. Der Familie ist er aber auch unbedingt verpflichtet. Der Verdienst wird in die Familie eingebracht. Wichtige Entscheidungen, wie etwa die über den Beruf oder den Ehepartner, werden nicht ohne Zustimmung der Familienautoritäten getroffen.

Aus diesem Rahmen auszubrechen, kommt Necati nicht in den Sinn. Nicht nur den Eltern, sondern auch den älteren Geschwistern bringt er großen Respekt entgegen. Das ist allgemein ein hoher kultureller Wert. Necati nimmt ihn aber überdurchschnittlich ernst. Semse berichtet später, er sei selbst seinem jüngsten Bruder, der nur ein Jahr älter war als er, immer mit ausdrücklicher Ehrerbietung begegnet.

Nur wer Necatis Hintergrund kennt, kann sich annähernd vorstellen, was es später für ihn bedeutet hat, aufgrund seines Glaubens an Jesus ein Entfremdeter und Ausgestoßener zu sein. Gleichzeitig blieb er aus meiner Sicht ein beispielhafter Vertreter der positiven

Seiten eines echten Türken. Das ist eine traurige Ironie der Lebensgeschichte meines Schwagers.

Aufgrund seiner Hinwendung vom Islam zu Christus wurde er von seiner eigenen Familie und vielen anderen Landsleuten als Verräter am Türkentum gebrandmarkt. Ja, Necatis Leben veränderte sich durch Christus; aber er behielt viele schöne Seiten türkischer Lebensart und eine große Liebe zur Türkei bei. Er verfeinerte diese türkischen Besonderheiten sogar noch unter dem Einfluss des Evangeliums. Dadurch war er für mich geradezu ein Repräsentant dafür, was Gott als besondere Gaben in das türkische Volk gelegt hat.

Seinen Respekt gegenüber Älteren konnte ich auch ganz persönlich genießen. Ich war einige Jahre älter als Necati, und da ich zudem sein Schwager war, nahm ich später eine Position als »Abi«, als großer Bruder, für ihn ein. Er nannte mich daher stets nicht einfach bei meinem Namen, sondern »Wolfgang Abi«, großer Bruder Wolfgang. Er hörte aufmerksam zu, wenn ich redete, und maß meiner Meinung große Bedeutung bei. Selbst als Necati mich später geistlich und in der Verantwortung im Reich Gottes »überholt« hatte, legte er diese Haltung mir gegenüber nicht ab.

Nicht durch Respektlosigkeit oder direkten verbalen Angriff zu verletzen, steht hoch auf der türkischen Werteskala, weil die Ehre und das Ansehen der Person sehr wichtig sind. Necati war ein Meister darin, selbst berechtigte Kritik in sehr höfliche Formen zu verpacken. Ich bin mir sicher, dass er in seinen vielen evangelistischen Gesprächen zwar klar die gute Nachricht von Jesus Christus weitergab, aber auch gegenüber unqualifizierter Kritik niemals den Glauben seines Gegenübers, also den Islam, veralberte oder herabwürdigte.

Necati hat auch später als Christ nicht im materiellen Überfluss gelebt. Als Vertreter »guter türkischer Eigenschaften« zeichnete ihn aber eine ausgesprochene Großzügigkeit aus. Ich erinnere mich gut an die »Kämpfe«, die wir ein paar Mal miteinander ausgetragen haben, wenn wir als Familien gemeinsam in ein Restaurant gingen und es dann ums Begleichen der Rechnung ging. Bei diesem Kampf auf gut Türkisch geht es nicht darum, sich vor der Rechnung zu drücken, sondern ganz im Gegenteil darum, die Ehre des

Bezahlens zu erlangen. Als eher sparsamer, manchmal auch geiziger Deutscher hatte ich mittlerweile gelernt, umzudenken. Gegen Necati zu »gewinnen«, war aber äußerst schwierig. Entweder hatte er schon bezahlt, bevor ich es überhaupt bemerkt hatte, oder er erwies sich bei der Rangelei vor der Kasse als sturer und damit stärker als ich: »Unmöglich, ihr seid unsere Gäste! Ich werde das auf keinen Fall erlauben! Ich habe Kleingeld!«

Zur Großzügigkeit gehört auch die Gastfreundschaft. Wenn wir bei Necati und Semse zu Besuch waren, übernahm Necati mit Elan die Aufgabe des türkischen Hausvaters, seine Gäste zu unterhalten, bei Laune zu halten und ihnen den Besuch so angenehm wie möglich zu machen: mit besonderem Essen, Ausflügen zum Picknick mit fachkundigem Grillen und besonderen Filmen aus der Videothek. Selbst bei Gesprächen am Tisch fühlte er sich für eine fröhliche Stimmung verantwortlich.

Necati war zwar ein tiefgründiger Denker und feinfühliger Mensch, gleichzeitig verkörperte er aber auch türkische Lebensfreude. Er konnte durchaus die spaßige Stimmungskanone sein, tanzte gerne und tobte voller Begeisterung mit seinen Kindern herum.

Dass mein Schwager auch türkische Leidenschaft besaß, bewies sein Leben. Treue und Bereitschaft zu großen Opfern erwartet jeder Türke von dem, was er als wahre Freundschaft bezeichnen würde. Necati zeigte diese Eigenschaften nicht nur in der Beziehung zu uns. Er sollte später auch bereit sein, ins Gefängnis und sogar in den Tod zu gehen für den einen großen Freund seines Lebens, für Jesus.

Ein ernsthafter Muslim

Die letzten Jahre des Gymnasiums verbringt Necati weitgehend in Rize, einer Provinz an der Schwarzmeerküste im Nordosten der Türkei, die für ihren Tee bekannt ist. Er wird dort in ein Internat mit streng religiöser Trägerschaft aufgenommen.

In der laizistisch verfassten Türkei soll das Erziehungssystem eigentlich religiös neutral sein. Schüler- und Studentenwohnheime sind jedoch eines der Instrumente, über die islamistische Gruppen dennoch starken Einfluss ausüben können. Das Internat, das den jungen Necati Aydin beherbergt, wird von den Nurcular bestimmt. Diese religiöse Strömung geht auf den türkisch-islamischen Denker Bediüzzaman Said Nursi (1876–1960) zurück und wird heute maßgeblich durch den in den USA lebenden Fethullah Gülen bestimmt.

Wollten Necatis Eltern oder seine älteren Geschwister, dass ihr Sohn weit weg vom liberaleren Westen der Türkei noch besser islamisch geschult wird? Oder sahen sie seine Aufnahme in das Internat einfach als gute Gelegenheit, die üblichen Schulkosten zu sparen und dadurch als große Familie entlastet zu werden?

Zweifellos war seine Familie von einem selbst für türkische Verhältnisse strengen Islamverständnis geprägt. Einer seiner großen Brüder wird später Religionslehrer an einer öffentlichen Schule, ein anderer ist parteipolitisch für die damals als »Wohlfahrtspartei« Refah-Partei bekannte Gruppierung tätig, Vorläufer der heutigen Regierungspartei Ak-Partei. Er kandidiert sogar einmal für den Posten des Bezirksvorsitzenden. Eine der Halbschwestern Necatis ist bis heute äußerst aktiv darin, Frauen zum Gebet und zur religiösen Belehrung zu sammeln. Ihr Ehemann ist Imam, also Vorbeter und Prediger, in einer Moschee.

Schon als Grundschüler nimmt Necati wie viele andere Kinder in der Türkei an Korankursen teil. Dort werden an Wochenenden oder während der Sommerferien Grundkenntnisse über die Lehren und Praktiken des Islam vermittelt. Die Schüler werden darin geschult, den Koran auf Arabisch zu lesen, ohne ihn verstehen zu müssen, und lernen die wichtigsten Gebete und koranischen Suren, die Kapitel des Koran, auf Arabisch auswendig. Necati bringt es später bis zum »Hatim« – ein Ehrentitel, der verliehen wird, wenn man den ganzen Koran laut auf Arabisch gelesen hat.

Necati als Muslim bei der rituellen Waschung.

Im Internat wird Necati jedenfalls einer noch gezielteren islamistischen Prägung ausgesetzt. Ältere Schüler sind jeweils als »Abi«, als großer Bruder, für das geistliche Wohl der Neuankömmlinge zuständig. Sie ermutigen sie zur regelmäßigen Verrichtung des rituellen Gebets und weisen sie tiefgehend in den Islam nach dem Verständnis der Nurcular ein. Dabei entsteht ein Gruppendruck, dem sich die meisten fügen.

Necati scheint dort sehr willig aufzunehmen, was man ihn über Allah und seine Gesetze lehrt. Er ist schon damals von tiefer Gottesfurcht geprägt; von dem Eifer, Gottes Willen zu verwirklichen und der Hölle zu entgehen.

Seine religiöse Suche geht weiter, als er nach seiner Zeit am Schwarzen Meer wieder nach Menemen bei Izmir ins Elternhaus zurückkehrt. Er besteht die Aufnahmeprüfung für ein Fernstudium in Betriebswirtschaft. Daneben nimmt er eine Arbeitsstelle als Buchhalter in einer Izmirer Firma an, um zum Lebensunterhalt seiner Familie beizutragen. Mittlerweile wohnt einer seiner großen Brüder mit seiner Frau und sechs Kindern bei den Eltern. Die anderen Geschwister sind schon aus dem Haus.

Hätte Necati ein extremer, auch zu Gewalt bereiter Muslim werden können? Meine Schwägerin Semse meinte später, dass seine aufrichtige Art, seine natürliche Höflichkeit und seine Menschenliebe ihn vor gewalttätigen Extremen hätten abhalten können.

Necati will jedenfalls dem Gott, wie er ihn bisher kennt, so klar wie möglich gehorsam sein. Mit seinem ebenfalls religiös geprägten Freundeskreis liest er religiös-philosophische Bücher, versucht den Koran besser zu verstehen und auch andere zum praktizierten Islam zu ermutigen. Er macht sich privat Notizen, wenn er die verlangten fünf täglichen Ritualgebete verrichtet hat. Hat er sie verpasst, versucht er sie, wie es nach islamischer Lehre möglich ist, später nachzuholen, um nicht vor Gott ins Minus zu rutschen. Weil er ein aufrichtiges Herz hat, muss er sich eingestehen, dass er oft unter der strengen Messlatte der islamischen Vorschriften bleibt und dabei seine eigenen Ansprüche nicht erfüllen kann.

Gewissheit, ins Paradies einzugehen, hat er sowieso nicht. Solch eine Gewissheit erscheint dem frommen Muslim als Vermessenheit und als Einschränkung der Entscheidungsfreiheit des allmächtigen Allahs, der in die Hölle wirft, wen er will, und ins Paradies versetzt, wen er will. Doch trotz des Bewusstseins, letztlich in Gottes Buchhaltung im Minus zu bleiben, ist Necati Aydin wie jeder ernsthafte Muslim davon überzeugt, der letzten und damit letztgültigen Religion anzugehören und damit allen Menschen anderen Glaubens überlegen zu sein.

Das ändert sich erst durch die ungesuchte und überraschende Begegnung mit einer Zeugin von Jesus im Stadtbus im Izmirer Stadtteil Gaziemir. Dort trifft er Semse Kilciksiz, die Schwester meiner Frau. Sie wird für ihn nicht nur Wegweiser zu Jesus, sondern auch seine Ehefrau und Mutter seiner Kinder.

Eine unerschrockene Botin Jesu

Die Lebensgeschichte von Semse hat mit der Necatis gemeinsame Züge, weist aber auch tiefgreifende Unterschiede auf. Semse wird als viertes von neun Kindern eines Arbeiters im Straßenbau im kleinen christlichen Dorf Tokacli bei Antakya geboren.

Das heute türkische Antakya ist das »Antiochia in Syrien« der Bibel, der Ort, wo die Jünger von Jesus erstmals Christen genannt wurden (Apostelgeschichte 11,26) und die Missionsreisen des Paulus ihren Ausgangspunkt hatten (Apostelgeschichte 13,1–3). Die kleine, religiös gesehen griechisch-orthodoxe, sprachlich aber seit Jahrhunderten arabische Minderheit hat sich dort seit der Zeit der neutestamentlichen Christenheit gehalten. Gewichen scheint jedoch die Kraft des Heiligen Geistes. Der Alltag vieler Christen ist nicht vom Wort Gottes geprägt. Das Zeugnis der kleinen Gruppe von Orthodoxen ist schwach. Viele glauben gar nicht mehr, dass das Evangelium auch für die benachbarten Muslime gilt. Sie sind genau wie manche Muslime davon überzeugt, dass sich der Glaube von einer Generation auf die andere, sozusagen durch das Blut, überträgt.

Für Semse, deren Familie später auch nach Izmir umzieht, besitzt diese Art von Glauben keine Attraktivität. Schon bald bezeichnet sich die junge Frau als Atheistin. Sie wirkt hart, flucht viel, raucht wie ein Schlot – im Grunde ist sie verzweifelt. Als ihre »Abla«, ihre ältere Schwester, meine heutige Frau Janet, zum lebendigen Glauben an Christus kommt und in einer neu entstandenen türkischen evangelischen Gemeinde ein geistliches Zuhause findet, reagiert Semse mit entschiedener Ablehnung: »Lass mich mit diesem religiösen Zeug in Ruhe!«

Irgendwann nimmt Semse ohne Überzeugung, einfach aus Neugierde, an einer spiritistischen Sitzung teil. Danach fängt ein böser

Geist an, ihr Angst zu machen. Sie arbeitet damals mit ihrer Schwester bei der gleichen Druckerei in der Herstellung von Druckvorlagen. In der Dunkelkammer, wo die Druckfilme entwickelt werden, hält sie es vor Angst nicht aus. Sie hat das unentrinnbare Gefühl, dass eine dunkle Macht auf sie eindringt.

Ein Psychiater, den sie daraufhin aufsucht, bestätigt ihr, dass sie nicht krank sei. Obwohl sie weder an Gott noch an Geister glaubt, wendet sie sich an ihre gläubige Schwester: »Ich brauche irgendwie Hilfe!«

»Wenn wieder dieser dunkle Schatten und die Angst kommen«, so der Rat der Schwester, »dann wende dich an Jesus und gebiete dem Geist im Namen von Jesus, dich in Ruhe zu lassen.«

Etwas verschämt gesteht Semse ihrer Schwester später, dass sie das versucht habe und dass es funktioniere. Noch immer kann sie den christlichen Glauben nicht akzeptieren, aber: »Jetzt möchte ich den Jesus kennenlernen, der mich befreit hat.«

Sie vertieft sich in das Neue Testament und ist von Jesus und seinem Wort fasziniert. Mit geistlichem Heißhunger und tiefem Verständnis liest sie die Bibel. Der Geist Gottes verändert ihr Leben grundlegend.

Von Beginn ihres Christseins an wird Semse zu einer eifrigen Missionarin. Janet, die in ihrer großen Familie eine Art Zweitmutter für die vielen kleineren Geschwister war, wird für Semse nun auch zur geistlichen Mutter. In einer christlichen Studentengruppe in Izmir wird Semse für das evangelistische Zeugnis geschult.

1993 bis 1994 befinde ich mich zum Türkischstudium in Izmir. Dort lerne ich meine spätere Frau kennen. Hier begegne ich auch Semse, die damals mit Janet eine Wohnung teilt. Das Leben ist für sie schwer, materiell und emotional; aber sie brennt für Jesus.

Als ich nach Deutschland zurückkehre und es in der Verlobungszeit zwischen Janet und mir zu Krisen kommt, schreibt Semse mir ein paar Briefe, um uns zu helfen. Diese Briefe könnte man fast ohne Streichungen als Predigten übernehmen, so sehr sind sie vom Wort Gottes und vom Eifer für Jesus gefüllt.

Geprägt wird Semses Glaube davon, dass sie die Bibel einfach und radikal so zu nehmen versucht, wie sie ist. Für Bedenken und

Spitzfindigkeiten bleibt da kein Raum – manchmal auch nicht für Schattierungen. Für sie scheint diese Radikalität unumgänglich zu sein – und sie wird ihr in den härtesten Herausforderungen ihres Lebens, die noch auf sie warten, eine lebensrettende Stütze sein.

Bedingungslose Liebe und Vergebung

Diese so unterschiedlichen Welten von Necati und Semse prallen im November 1994 aufeinander. Semse verdient ihren Unterhalt damals als Sekretärin in einem christlichen Reiseunternehmen, Necati als Buchhalter bei einer anderen Firma. Beide Arbeitsstellen liegen im Stadtteil Gaziemir, nur zwei bis drei Bushaltestellen voneinander entfernt.

Als Necati nach Arbeitsschluss in den Bus steigt, ist der Platz neben Semse frei. Zunächst geht er vorbei. In türkischen Bussen sucht man sich seinen Platz immer zuerst neben jemandem vom gleichen Geschlecht, vor allem als religiös geprägter Mensch. Weil der Platz neben Semse jedoch der einzig freie im ganzen Bus ist, setzt der müde Necati sich vorsichtig dazu.

Semse geht Notizen von einem christlichen Seminar durch. Sie hält ihre Zettel sogar bewusst ein bisschen in Richtung ihres Nachbarn. Das könnte ja ein Anknüpfungspunkt für ein evangelistisches Gespräch sein. Necati, der neugierig auf die religiösen Stichworte schielt, wird argwöhnisch. »Sind sie Missionarin?« – das ist seine erste Frage an Semse.

Das Wort »Missionar« hat in der Türkei einen sehr unangenehmen Beigeschmack. Missionare gelten in der islamischen Propaganda und in der Meinung der meisten Türken als Agenten feindlicher Mächte, die versuchen, das Land durch westliches Gedankengut zu unterminieren. Die Bezeichnung »Missionar« stellt einen Christen fast in die Reihe von Verbrechern.

Semse reagiert unerschrocken mit einem Gegenangriff: »Nehmen sie ihren eigenen Glauben ernst? Wenn sie das tun, dann sind sie doch auch ein Missionar.«

»Da haben sie recht«, muss Necati eingestehen.

Schnell befinden sich die beiden »Missionare« in einem tiefen Gespräch über den christlichen Glauben. Semse fragt Necati, ob

Necati und Semse bei ihrer Verlobung (dabei wird symbolisch ein rotes Band durchgeschnitten).

er Interesse an einem Neuen Testament habe. Er bejaht das. Weil sie keines dabei hat, tauschen sie ihre Telefonnummern aus. Ihre kulturelle Prägung und sicher auch die evangelistische Schulung haben Semse gelehrt, dass solch eine Geste von Männern falsch verstanden werden kann. Sie ist jedoch beeindruckt von der aufrichtigen und geistlich hungrigen Art dieses jungen Mannes, Fragen zu stellen und zuzuhören. »Außerdem wirkte er so harmlos und unschuldig«, bemerkt Semse im Rückblick.

Drei Monate lang hört Semse nichts mehr von dem jungen Mann aus dem Bus. In Necati sind viele Fragen aufgebrochen. Es dauert lange, bis er sich zu einem Anruf entschließt. Ist es nicht schon Zweifel und damit Sünde, sich mit einem anderen Glauben überhaupt ernsthaft auseinanderzusetzen? Als ernsthafter Muslim wurde er gelehrt, so zu empfinden. Und Necati will doch Sünde vermeiden und Gott zufriedenstellen! Dann aber sind die Fragen und wohl auch das Interesse an der Missionarin größer als die Angst davor, sich durch das Eingehen auf kritische Anfragen an den Islam zu versündigen.

Necati beim Bibelstudium.

In den folgenden Monaten wird es für die beiden zu einer Gewohnheit, nach Arbeitsschluss mit dem gleichen Bus zum Café Riyo im Izmirer Stadtteil Kemeralti zu fahren. Dort sitzen Necati und Semse fast jeden Tag und diskutieren bei einem Glas Tee rund zwei Stunden lang über Jesus und seine Botschaft.

Necati stellt die unter Muslimen üblichen Anfragen an den Glauben der Christen: »Wir glauben ja auch an das Alte (Tevrat und Zebur, Gesetz und Psalmen) und das Neue Testament (Indschil); aber ist nicht die Bibel später verfälscht worden? Glaubt ihr an drei Götter? Wie kann Jesus Gottes Sohn sein? Ist nicht der Islam als die letzte gleichzeitig auch die höchste der monotheistischen Offenbarungsreligionen? Wenn Christen glauben, dass Jesus für alle Sünden starb – führt das nicht zum Drauflossündigen?«

Semse versucht, mit praktischen Beispielen Antworten zu geben. Wenn keine Fragen mehr kommen, stellt sie selbst welche oder schlägt einfach das Neue Testament auf und erklärt mit Begeisterung alle möglichen biblischen Abschnitte. Außerdem versorgt sie den jungen Mann mit dem Neuen Testament und guter christlicher Literatur.

Necati ist zunehmend fasziniert von Jesus und seiner Botschaft. Besonders die Bergpredigt beeindruckt ihn. Bald liest er Abschnitte daraus auch seiner Mutter zu Hause vor. Der junge Mann hat zwar schon länger empfunden, dass er in der Erfüllung der islamischen Pflichten immer zu kurz kommt, aber grobe und offensichtliche Sünden gab es in seinem Leben eigentlich nicht. In der Bergpredigt erfährt er, dass Gott auch schon das Böse in unseren Gedanken, unserer Motivation und den geheimen Regungen unseres Innersten als Sünde anrechnet. Diese Wahrheit leuchtet Necati ein.

Was den jungen Muslim jedoch besonders für den Glauben an Christus reif macht, ist die bedingungslose Liebe und Vergebung, die ihm in Jesus angeboten werden. Gut sein und Gottes Willen tun – das wollte er ja schon als Muslim. Aber Jesus bietet Liebe für Sünder an. Bei Jesus muss ich mich nicht zuerst ausbessern, um angenommen zu werden. Der Islam konnte Necati nie die Gewissheit der ewigen Rettung vermitteln. Früher hat er auf die Frage nach der Gewissheit wie jeder gute Muslim mit *»Takdir Allah'in!* Darüber zu befinden, steht Gott zu!« geantwortet. Nun erfährt er, dass aufgrund der unverdienten Zuwendung von Jesus für uns Gewissheit möglich ist. Diese Botschaft zieht ihn geradezu unwiderstehlich an.

Semse erinnert sich, dass Necati ihr fast nie etwas über den Islam erzählt habe. »Was sollte er auch sagen? Jesus war einfach faszinierend für ihn, und er merkte schnell, dass er da nicht gegenhalten konnte.«

Nach rund einem Jahr ist bei dem jungen Buchhalter die Entscheidung gefallen: Er will ein Nachfolger von Jesus werden. Schon als Muslim versuchte Necati, ohne Sünde zu leben und damit Gott zu gefallen. Aber jetzt flieht er in die Arme des liebenden Gottes. Es ist, als kehre der Sohn endlich zurück zum Vater.

Zwei Wassermelonen unter einem Arm

Über einen unentschiedenen Menschen sagt ein türkisches Sprichwort: »Er versucht, zwei Wassermelonen unter einem Arm zu tragen.« In den Jahren nach seiner Hinwendung zu Christus im Jahr 1995 versucht Necati Aydin, dieses Kunststück zu vollbringen. Dass sein Leben Jesus gehört, der ihn bedingungslos angenommen hat, ist für Necati klar. Er fürchtet sich aber sehr davor, seine Familie zu verlieren, die ihm so viel bedeutet.

Dass es in der Familie als Katastrophe gewertet würde, sollte er sich als Christ outen, das hat Necati ansatzweise schon erlebt, als er anfing, seiner Mutter und seinem Vater Verse aus der Bergpredigt vorzulesen. Dadurch und durch christliche Bücher, die bei ihm herumliegen, ahnte sein großer Bruder damals, dass Necati sich ernsthaft mit dem Christentum auseinandersetzte. Als der kleine Bruder auch noch im Gespräch christliches Gedankengut verteidigte, legte er ihm eine Pistole auf den Schoß und warnte ihn mit großem Ernst: »Wenn du auf diesem Weg weiterläufst, schieße ich dir ins Knie, damit du nicht mehr laufen kannst.«

Allzu gut weiß Necati, dass es selbst in nicht so religiösen türkischen Familien als Schande empfunden wird, wenn ein Kind zum Christentum übertritt. Wenn der Vater nicht entschieden gegen den Abfall vom Islam vorgeht, steht er vor der Gesellschaft als Versager da, der es nicht geschafft hat, sein eigenes Kind vor solch einem Irrglauben zu schützen. Wer sich offen vom Islam abwendet, wird zudem als Vaterlandsverräter bezeichnet, der seine türkische Identität verleugnet. Wie viel extremer muss die Reaktion in Necatis entschieden islamisch gläubiger Familie ausfallen? Seine Eltern und Geschwister glauben ja zutiefst, dass die Annahme des christlichen Glaubens und der Gottheit von Jesus Götzendienst sei und damit nur die ewige Höllenstrafe nach sich ziehen könne.

Necati trifft sich auch im folgenden Jahr regelmäßig mit Semse. Sie nimmt ihn mit in ihre Gemeinde, die damals einzige türkischsprachige evangelische Gemeinde in der Millionenstadt Izmir, und macht ihn dort mit anderen Christen bekannt. Necati liebt wie Semse das Wort Gottes und liest die Bibel in den ersten Jahren seines Christseins mehrere Male von vorne bis hinten durch. In der eigenen Familie versucht Necati nach den ersten Konfrontationen aber, keinen Zweifel mehr an seiner islamischen Gläubigkeit aufkommen zu lassen. Er ist weiter der folgsame Sohn und Bruder.

Eigentlich versucht Necati sogar, drei Melonen unter einem Arm zu tragen. Zwischen ihm und Semse ist eine Beziehung gewachsen, die über geistliche Gespräche hinausgeht. Necati hat sich wohl schon früher in Semse verliebt. Semse kämpft dagegen längere Zeit gegen ihre Gefühle an: Ist Necati nicht zu jung? Wie stark ist sein neuer Glaube? Kann sie gleichzeitig »geistliche Mutter« und Ehefrau sein?

Einmal versucht sie sogar, Necati mit einer jungen türkischen Frau bekanntzumachen, die ebenfalls durch sie zu Jesus gefunden hat. Der Vermittlungsversuch scheitert glücklicherweise. Wenig später versprechen sich Necati und Semse heimlich die Ehe.

Beginn der Liebe und der Leiden

Janet und ich heiraten im April 1995 standesamtlich in Izmir. Damals wissen wir noch nichts von der Beziehung unserer Schwester und Schwägerin. Nachdem Janet ihr Einreisevisum erhalten hat, kommt sie im Mai zusammen mit Semse nach Deutschland, wo im Juni in meiner Heimatgemeinde in Heinebach in Nordhessen die kirchliche Trauung stattfinden wird. Ich war schon vorher nach Deutschland geflogen.

Janet wartet verzweifelt auf Semse, um mit dem Taxi zum Flughafen zu eilen. Semse kommt sehr spät. Dadurch sind beide so in Hektik und Ärger, dass sie ein paar wichtige Dinge im Taxi vergessen. Dass sie wegen eines Abschiedstreffens mit Necati zu spät kommt, will Semse ihrer ärgerlichen großen Schwester damals noch nicht offenbaren.

Necati muss ein Jahr später ab Ende August 1996 seinen 18-monatigen Militärdienst antreten. Beim türkischen Militär sind religiöse Bücher verboten. Während der Grundausbildung im zentralanatolischen Tokat findet einer der Ausbilder das Neue Testament, das Necati in seinem Gepäck hineingeschmuggelt hat. Das Neue Testament landet in der Toilette, der junge Soldat muss zur Strafe mit kurzen Hemdsärmeln so weit auf dem harten Boden robben, bis seine Arme blutig geschürft sind.

Es gibt jedoch unter den Mitsoldaten Menschen mit Achtung vor dem Wort Gottes. Eigentlich wird es Muslimen gelehrt, dass auch das Alte und Neue Testament von Allah gesandte Bücher seien. Ein muslimischer Kamerad kann es nicht akzeptieren, dass solch ein heiliges Buch in der Toilette landen soll, und rettet es für Necati.

Necati erlebt beim Militär den Anfang seiner Leiden um seines Christseins willen. Gleichzeitig erfährt er aber auch den Wert christlicher Gemeinschaft. Nach Abschluss der Grundausbildung wird er nach Nordzypern versetzt. Dort bekommt er Kontakt zu einem englischen Ehepaar, das seit Jahren treu eine kleine, türkische christliche Versammlung leitet. An freien Wochenenden erlebt er ihr christliches Familienleben mit und lernt viel darüber, was es heißt, Jesus Christus nachzufolgen.

Necati als Soldat.

Auch einem handfesten Wunder Gottes begegnet Necati erstmals als Soldat. Im trockenen und heißen Nordzypern ist Wasser manchmal Mangelware. Und wer sich selten duschen kann, ist schlechter geschützt gegen kleine Tierchen. So verbreiten sich unter den Soldaten die Läuse. Überall kratzt und juckt es. Bei einem der gelegentlichen Telefonate mit Semse klagt Necati über diese Plage.

Semse empfiehlt ihrem Verlobten: »In Ägypten wurde doch auch das Volk Gottes von den Plagen verschont, unter denen die Ägypter litten. Gebiete einfach den Läusen im Namen von Jesus, von dir zu weichen!«

Der vor lauter Kratzen verzweifelte Necati probiert es aus und meldet später telefonisch begeistert nach Izmir: »Es hat funktioniert! Nachdem ich gebetet habe, sind die Läuse tatsächlich von mir weggesprungen. Jetzt klagen weiter alle Stubengenossen über die Plage, aber auf meiner Haut sitzt keine einzige Laus mehr.«

Nach dem Ende seiner Militärzeit bekommt Necati in einem Dienstzeugnis »großartigen Erfolg« bestätigt. Nach dem Urteil seiner Vorgesetzten wird er als »vertrauenswürdig und treu«, als »aufrichtig, fleißig und respektvoll« eingestuft. Semse hat sich nach Necatis Tod in manchen Interviews auf dieses Zeugnis bezogen, um zu zeigen, wie falsch das Vorurteil ist, Christen könnten keine guten Türken sein. »Necati hat seinem Vaterland mit ganzem Einsatz gedient und ist dafür ausdrücklich belobigt worden!« Weil der

Militärdienst in der Türkei sehr gering bezahlt wird und man wenig Urlaub bekommt, werden Hochzeiten meist auf die Zeit danach verschoben. Als Necati Anfang März 1998 nach Izmir zurückkehrt, entschließt sich das junge Paar, seine Verlobung nun öffentlich zu machen.

Necati eröffnet seinen Eltern, dass er Semse, eine christliche Frau, heiraten möchte. Gleichzeitig lässt er seine geliebte Familie erstmals wissen, dass er selbst, ihr Sohn, Bruder und Onkel, sein Leben Jesus Christus anvertraut hat.

Semse bekommt daraufhin zuerst das Zuckerbrot, später die Peitsche hingehalten. Ganz überraschend erhält sie den Anruf von einem der älteren Brüder Necatis: »Wir rufen Sie ›wegen einer glücklichen Angelegenheit‹ an« – so lautet die Floskel bei der Anbahnung von Hochzeiten. »Unser Bruder hat uns mitgeteilt, dass er Sie heiraten möchte. Und wir nehmen Sie gerne in unsere Familie auf – allerdings mit einer Bedingung: Sie müssen Muslima werden!«

Wie es für Semse üblich ist, seit sie Jesus kennenlernte, reagiert sie auf die leiseste Einladung zu einem Kompromiss in Glaubenssachen ganz radikal und eindeutig. In solch einer Entscheidungssituation auf Zeit zu spielen oder nach Mittelwegen zu suchen, kommt für sie nicht in Frage: »Muslima zu werden, ist für mich vollkommen ausgeschlossen. Ich habe auch nicht geplant, Necati als Muslim zu heiraten. Der Necati, den ich heiraten will, ist Christ.«

Ernste Krise und endgültige Entscheidung

Nachdem wir Necati im Sommer 1996 persönlich kennengelernt haben, begleiten wir die Beziehung der beiden mit manchen Bedenken. Ist Necati wirklich der richtige Mann für Janets Schwester?

Gesehen haben wir Necati bis nach der Hochzeit nicht mehr. Aus verschiedenen Gründen können wir 1997 und 1998 nicht in die Türkei kommen. Zwischen den Schwestern gibt es aber in der Folgezeit zahlreiche Telefonate. Die »Abla«, die ältere Schwester, darf sich laut türkischer Kultur einmischen. Und ihre jüngere Schwester weiß, dass Janet zutiefst ihr Bestes sucht. Auf jeden Fall beten wir von Deutschland aus für die beiden um Gottes klare Führung.

Zekai, der Pastor von Janets, Semses und Necatis Izmirer Gemeinde, sieht die Beziehung positiver als wir. Er freut sich, wenn in der noch so jungen und schwachen Gemeinde Jesu in der Türkei Ehen unter türkischen Christen zustande kommen. Aber ist Necatis Glaube stark und tief genug?

Bald nach dem Ende von Necatis Militärzeit erreicht uns ein schockierender Anruf von Semse: »Alles ist vorbei! Ich habe am Telefon mit Necati gesprochen, und er hat mir gesagt, dass er Muslim sei und bleiben werde.« Für sie steht damit fest: »Wenn Gott ihn nicht zurückbringt, ist für mich die Sache abgeschlossen.«

Aber wieder ist Semses klare, unerschütterliche Haltung ein geistlicher Schlüssel zum späteren »Erfolg«. Necati unter diesen, jetzt so anderen Umständen zu heiraten, ist für sie absolut keine Alternative.

Hat Gott auf diese Weise klargemacht, dass er die Beziehung nicht möchte? Der Gedanke kommt uns in den Sinn; aber wir beten weiter. Rückblickend wissen wir heute, dass diese Krise Necati die Gelegenheit zu einer noch radikaleren Lebensübergabe an Christus bot.

Später erfahren wir, dass er zu seinem Bruder nach Bartin am Schwarzen Meer geschickt wird, der dort als Religionslehrer arbeitet. Necati hat nicht zuletzt wegen der Drohungen, die seine Familie gegen Semse ausgestoßen hatte, klein beigegeben. Im Haus seines Bruders gerät er daraufhin jedoch in eine schlimme Depression. Er isst nicht mehr und weint ständig. Nachdem er sich scheinbar für seine Familie und gegen Jesus und Semse entschieden hat, merkt er, dass er im geistlichen Tod enden wird, wenn er seine neue Lebensquelle verlässt. Sein Zustand ist nach rund zehn Tagen so offenkundig verzweifelt, dass sein Bruder ihn schließlich rausschmeißt: »Mach, was du willst – aber du gehörst jetzt nicht mehr zu uns. Du hast uns und unseren Glauben verraten!«

Als Semse eines Morgens zur Bushaltestelle geht, wartet dort Necati auf sie. Sie platzt fast vor Freude. Aber gleichzeitig ist es für sie ein Glaubensschritt, unter diesen dramatischen Bedingungen wieder neu anzufangen.

»Es könnte ja auch ein Trick, ein doppeltes Spiel sein. Vielleicht hat seine Familie ihn mittlerweile verheiratet und versucht, mich auch noch vom Glauben abzubringen.«

Sie merkt aber bald, dass Necati nun eine eindeutige Entscheidung getroffen hat: für Jesus Christus, für die Beziehung mit Semse und gegen den Druck seiner Familie. Necati kommt vorübergehend bei einem ledigen Christen aus der kleinen Izmirer Gemeinde unter. Die Vorbereitungen für die Hochzeit beginnen.

Für die große Familie Necatis gilt der Jüngste von da an als verlorener Sohn. Eine der großen Schwestern ruft irgendwann bei Semse an und sagt bitter: »Du hast gewonnen!«

Semse antwortet: »Nicht ich, sondern der Herr, der die Wahrheit ist, hat gewonnen.«

Die Verwandten sehen Necati als Verräter, als Schandfleck der Familie an. Zwar versuchen er und Semse jahrelang immer wieder, auf rein menschlicher Ebene Brücken zu bauen und Beziehungen nicht abbrechen zu lassen. Manche türkischen Familien werden milder, wenn in der anfangs abgelehnten Ehe Kinder zur Welt kommen. Necati und Semse lassen später bewusst Necatis Eltern und Geschwister ihre Kinder sehen.

Trotz der demütigen und in jeder Notlage hilfsbereiten Haltung stößt Necati aber bei fast allen Familienangehörigen auf kalte Ablehnung und immer wieder neue Vorwürfe. Sicher haben sie alle Necati geliebt; aber sie können einfach nicht damit leben, dass er »abtrünnig« geworden ist und die »höchste und beste Religion« verlassen hat.

Als 1999 Necatis Vater stirbt, wird Necati erst ein paar Tage nach dessen Tod davon informiert – ein besonders in der türkischen Kultur unvorstellbar schwerwiegender Affront gegen den eigenen Bruder. Necatis geliebte Mutter stirbt im Jahr 2006. Er wusste, dass sie lange krank war, und konnte sie noch einmal für einige Tage besuchen. Von ihrem Tod erfährt er wieder zu spät, um noch rechtzeitig zur Beerdigung zu kommen.

Irgendwann danach gesteht Necati, dass er nicht mehr viel Hoffnung auf Besserung der Beziehungen in seiner Familie habe. Er liebt seine Familie, aber er hat nicht mehr die Kraft, immer wieder neu auf sie zuzugehen und dabei doch nur Ablehnung zu ernten.

Nach Necatis Tod gibt einer seiner Brüder einen sehr persönlichen Brief von Necati an die Presse. Selbst Semse liest ihn erstmals in einer Lokalzeitung von Malatya. Der Bruder will damit zeigen, wie der christliche Glaube des Bruders seine Trennung von der Familie verursacht habe. Wenn man aber den wirklichen Hintergrund und Necatis ständige Bemühungen, Brücken zu bauen, kennt, wird dieser Brief zu einem großartigen Zeugnis eines Sohnes, der liebt, aber in Jesus der größeren Liebe begegnet ist.

In Necatis Leben wird sehr praktisch demonstriert, dass Jesus seinen Nachfolgern eine klare Entscheidung zumutet: *Wer seinen Vater oder seine Mutter, seinen Sohn oder seine Tochter mehr liebt als mich, der ist es nicht wert, mein Jünger zu sein. Und wer nicht bereit ist, sein Kreuz auf sich zu nehmen und mir nachzufolgen, der kann nicht zu mir gehören* (Matthäus 10,37–38).

Meine liebe Mama, mein lieber Papa,
meine lieben Geschwister,

zuerst grüße und küsse ich Euch im erhabenen Namen des Herrn Jesus Christus. Ich habe mich nach so viel Durcheinander und Zusammenstößen dafür entschieden, von Euch getrennt zu sein, um meinen Glauben an Jesus Christus zu bewahren, zu leben und diese Wahrheit bis zum Ende zu bewahren. Diese Entscheidung ist eine Entscheidung, die ich nicht aus Angst oder aufgrund von irgendetwas, nach dem ich mich gesehnt oder nach dem ich verlangt habe, getroffen habe, sondern nach langen Auseinandersetzungen in mir selbst. Darum beschuldigt niemanden. Ermüdet Eure Gedanken nicht mit allen möglichen Theorien. Ich bin dahin zurückgekehrt, wo ich hingehöre. Ich bin zu Jesus und zu seiner Gemeinde zurückgekehrt.

So wie Ihr meine leibliche Familie seid, so habe ich auch eine durch den Geist gewordene Familie. Fürchtet Euch nicht und seid nicht besorgt wegen meiner Trennung von Euch! Seid nicht traurig und macht Euch nicht selbst kaputt! Denn ich bin nicht gerettet worden, um etwas zu verlieren, sondern ganz im Gegenteil für einen ewigen Gewinn. Deshalb freut Euch! Diese Rettung habe ich durch meinen Glauben an Jesus gewonnen. Und von diesem Rettungsglauben kann mich weder Armut noch Schwierigkeit, weder Krankheit noch Bosheit, weder Tod noch ein Mensch abwenden. Die Kraft, die ich habe, um zu leben und gerettet zu werden, sozusagen meine geistlichen Adern, sind durch Glauben mit Jesus verbunden. Ohne ihn zu leben, bedeutet, den Tod und die ewige Auslöschung zu verdienen.

In unserer Beziehung werde ich auch von nun an Euch lieben, beständig im Kontakt mit Euch sein und für Euch beten, dass Ihr auch gerettet werdet. Ich möchte aber, dass Ihr uns im Moment nicht anruft oder auf andere Weise in Kontakt tretet, sondern geduldig ein bisschen wartet, die Hassgefühle in Euch auslöschen und an ihre Stelle Liebe, Zärtlichkeit und Verständnis pflanzen könnt, und vor allem, dass Ihr Jesus Christus, der »Wahrheit, Weg und Leben« ist, kennenlernt, an ihn glaubt und so ewige Rettung gewinnt.

Ich habe Euch lieb. Möge der Herr Euch seiner Wahrheit begegnen lassen. Amen! Rana Necati Aydin.

Selbst nach dem Mord an Necati können wir bisher bei seinen Verwandten keine weichere Haltung feststellen. Als wir am Tag nach den schrecklichen Morden mit anderen Christen in der Wohnung der Familie in Malatya sitzen, klingelt es wieder an der Tür. Diesmal ist es der älteste Bruder von Necati.

Semse reagiert bei aller Trauer überrascht, ja, sogar erfreut: Könnte Gott jetzt schon den Tod ihres Mannes benutzt haben, um an seiner Familie zu wirken? Nach kurzem Gespräch bei einem Glas heißen Tee kommt die kalte Dusche: Die Familie hat den Ältesten nicht in erster Linie gesandt, um ihr Mitgefühl auszudrücken. Er soll vielmehr den Leichnam des Bruders verlangen, um ihn nach islamischem Ritus bestatten zu können. Natürlich lehnt Semse ab.

Bei der christlichen Beerdigung, die zwei Tage später in Izmir, gar nicht weit von seinem Heimatort Menemen, stattfindet, ist kein einziger von Necatis Brüdern und Schwestern zugegen. Wir beten weiter für sie.

Himmlischer Vater, richte du unsere Hochzeit aus!

Für Necati und Semse ist jetzt klar, dass sie so bald wie möglich heiraten wollen. Aber können sie sich das leisten? Beide stehen gerade ohne Arbeitsstelle da. In der türkischen Kultur tragen die Familien der Braut und des Bräutigams nach einem meist festgelegten Verteilungsschema zur Ersteinrichtung der Wohnung und Ausrichtung der Hochzeit bei. Doch Necatis Familie ist radikal gegen diese Ehe und auch Semse kann von ihren Verwandten wenig Hilfe erwarten.

Die Verlobten entschließen sich, nicht um Hilfe von Menschen zu betteln. Sie setzen sich zusammen an den Tisch und beten: »Lieber Vater im Himmel, weil wir keine Hilfe von unseren irdischen Vätern erwarten können, richte du uns bitte die Hochzeit aus.«

Überraschend fragen danach Necatis christliche Bekannte aus der Militärzeit in Nordzypern nach, wie sie helfen können. Dann legt die kleine Gemeinde dort, ohne den genauen Bedarf zu kennen, gerade soviel Geld zusammen, wie Necati und Semse vorher als Mindestbedarf ausgerechnet hatten. Diese Erfahrung ist eine Riesenermutigung zum Glauben daran, dass Gott sich auch in Zukunft väterlich um sie kümmern wird.

Nach einer einfachen, aber schönen Hochzeitsfeier in der Izmirer Karatasch-Gemeinde am 7. Mai 1998 steigen die zwei arm, aber glücklich wie Kinder, in die Ehe ein. In den ersten drei Monaten müssen sie von den Geldgeschenken der Hochzeit leben. Dann findet Necati endlich eine Arbeit als Buchhalter bei einer Fabrik, die Lokum, »Turkish Delight«, produziert.

Noch in zahlreichen weiteren Situationen erleben sie die ganz praktische Hilfe Gottes. Das gilt auch, als die Familie größer wird. Im Juli 2000 wird Elisa Günes geboren. Der Name Elisa steht auch

Necatis und Semses Hochzeit 1998.

auf Türkisch für den alttestamentlichen Propheten Elisa. Fast exakt ein Jahr später folgt die kleine Ester Bahar ihrem großen Bruder.

Eine neue Familie

Als wir erstmals nach einigen Jahren im Mai 1999 wieder zum Urlaub in die Türkei fliegen, wohnen wir die meiste Zeit bei Necatis und Semses junger Familie im Izmirer Stadtteil Osmangazi. Die kleine Wohnung wird für die kommenden Jahre unsere Anlaufstelle in der Türkei.

Unsere Tochter Debora ist gerade zehn Monate alt. Wir bitten Necati und Semse, ihre türkischen Paten zu sein, und lassen sie dann in Janets Heimatgemeinde segnen, der Izmirer Karatasch-Gemeinde.

Jetzt lernen wir Necatis Gastgeberqualitäten kennen. Er ist uns noch ziemlich fremd, gibt sich aber große Mühe, uns trotz seiner beschränkten Möglichkeiten an Zeit und Geld den Urlaub so schön wie möglich zu gestalten. Abends bringt er Süßigkeiten von seiner Arbeitsstelle mit, und er kennt sogar jemanden, der uns seine Ferienwohnung am Meer für eine Woche zur Verfügung stellt. In diesem Urlaub beginnt eine wertvolle Beziehung zu meinem türkischen Schwager zu wachsen. Die Urlaube in den kommenden Jahren festigen und vertiefen diese Beziehung.

Im November 2001 siedeln wir dann selbst in die Türkei über, um in Izmit, einer Industriestadt am östlichen Rand Istanbuls, bei einer Gemeindeaufbauarbeit zu helfen. Wir sind kaum angekommen und haben noch nicht mal eine eigene Wohnung gefunden, da sitzen Necati und Semse schon mit ihren zwei kleinen Kindern im Bus. Sie nehmen die mühevolle siebenstündige Fahrt von Izmir nach Izmit auf sich und wohnen mit uns für ein paar Tage bei englischen Freunden, nur um uns in der Türkei willkommen zu heißen.

Doch zurück ins Jahr 1999: Necati und Semse strahlen Freude aus darüber, dass sie jetzt ganz offen gemeinsam ihrem Herrn Jesus Christus dienen können. In ihrer Gemeinde leiten sie mit großem

Necatis Taufe im Sommer 1998.

persönlichen Einsatz einen Hauskreis. Necati wird zu einer der treibenden Kräfte in der Gemeinde in Karatasch. Seinem Pastor Zekai Tanyar, wie Necati ein Christ mit muslimischem Hintergrund und ein ausgesprochen aufrichtiger Mensch, fühlt sich Necati besonders verbunden. Zekai schreibt nach Necatis Tod über ihn:

> »Necati war in der Gemeinde, der er als Mitglied angehörte, zum Glauben an Jesus gekommen, getauft worden, hatte dort geheiratet, seine Kinder dem Herrn geweiht und gedient. Er war sanftmütig, beim Thema Glauben äußerst ernst. Aber wenn ich ›ernst‹ sage, dann besteht da kein Zusammenhang mit der ›religiösen Griesgrämigkeit‹, die vielen dabei einfallen wird. Er war ein gutmütiger und fröhlicher Mensch.«

Die Gemeinde in Izmir wird für die nächsten fünf Jahre zur Heimat für Necatis Familie, und das junge Ehepaar wird zu einer Familie für andere. Der Hauskreis findet in der Regel in ihrer kleinen Wohnung statt. Meist kommen junge Leute, die sich gerade für ein Leben mit Christus entschieden haben oder die noch auf der Suche sind.

Obwohl Necati selbst jung im christlichen Glauben ist, wächst er sehr schnell zu einem großen Bruder, ja sogar zu einem geistlichen Vater für andere junge Männer heran. Er ist ernsthaft in dem, was er glaubt. Aus eigenem Bedürfnis heraus lebt er aber in seinen Beziehungen zu seinen »geistlichen Jüngern« einen sehr ganzheitlichen Lebensstil. Dass man zusammen Tee trinkt, gehört sowieso zu den Grundregeln menschlicher Gemeinschaft in der Türkei, aber Necati ist auch Initiator von Fußballspielen oder Bowlingabenden. Oft kommen die Hauskreismitglieder zum Essen und anschließend werden Brettspiele auf den Tisch gestellt. In diesem persönlichen Umfeld studieren Necati und Semse mit ihren Freunden die Bibel. Und Necati führt Glaubensgrundkurse mit zahlreichen jungen Männern durch.

Als wir nach Necatis Ermordung zur Beerdigung in Izmir sind und in seiner Heimatgemeinde Gottesdienst feiern, treffen wir auf einige junge Männer, die mit Tränen in den Augen davon berichten, welche Rolle Necati in ihrem Leben als Christ gespielt hat. Besonders bewegend ist, dass einer dieser jungen Türken, mit denen Necati vor Jahren Fußball gespielt und Bibel gelesen hat, jetzt vor der Karatasch-Gemeinde steht und mit beeindruckender geistlicher Ausstrahlung den Gottesdienst moderiert.

Besonders weil familiärer Rückhalt fehlt, bringen sich Necati und Semse um so mehr in ihre Gemeinde ein. Dazu gehört zum Beispiel auch das Putzen der Toiletten in den Gemeinderäumen. Sie engagieren sich zudem in der übergemeindlichen Studentenarbeit, und als im Izmirer Stadtteil Bornova eine neue türkische Gemeinde eröffnet wird, versuchen sie, auch dort noch an manchen Sonntagnachmittagen in den Gottesdiensten dabei zu sein. Die Leiter der neuen Gemeinde sind Ausländer und schätzen es sehr, wenn engagierte türkische Jesusjünger dabei sind.

Erst einige Monate nach der Hochzeit kommt Necati dazu, sich taufen zu lassen. Bei einer Konferenz seiner Gemeinde in einem christlichen Freizeitzentrum ganz in der Nähe des antiken Ephesus wird er im Freien in einem kleinen Becken untergetaucht und auf den Namen von Jesus Christus getauft.

Wie wichtig die christliche Taufe für Menschen aus islamischem Hintergrund ist, können deutsche Christen aufgrund ihrer Kultur wahrscheinlich nicht wirklich nachvollziehen. Die Taufe ist ein sehr augenscheinlicher und handfester Schlussstrich unter das alte Leben ohne Jesus. Sie ist auch ein unmissverständliches Abschneiden aller Bindungen an das bisherige Glaubenssystem. Manche einsame Gläubige irgendwo in einer der vielen Städte der Türkei ohne christliche Gemeinde können nur heimlich getauft werden oder müssen dazu an einen anderen Ort reisen. Wo öffentliche Taufen stattfinden, in Gemeindehäusern oder auch in Seen oder im Meer, sind das richtige Feste für die kleinen Gemeinden.

Necatis Entschluss, das alte Leben hinter sich zu lassen, stand sowieso schon fest. Aber die öffentliche Verkündigung dieses Entschlusses durch die Taufe ist eine Riesenfreude für ihn und für Semse. Vielleicht ist der Taufspruch, der für ihn ausgesucht wird, später in seinen Gedanken, als er im Gefängnis ist und noch später, als die Mörder das Messer ansetzen. In Johannes 10,28 verspricht Jesus seinen »Schafen«, den Menschen, die ihm nachfolgen: »Ihnen gebe ich das ewige Leben, und sie werden niemals umkommen. Niemand kann sie aus meiner Hand reißen.«

Auf der Bühne des Lebens

Nach gut einem Ehejahr eröffnen sich für Necati Möglichkeiten, seinem Herrn mehr in der Öffentlichkeit zu dienen. Ein türkisches christliches Verlagshaus bittet Necati um seine Mitarbeit. Der Zirve-Verlag verlegt und verbreitet das Neue Testament und christliche Literatur sowie die türkische Version des bekannten Jesusfilms, in dem das Leben von Jesus Christus entsprechend dem Lukasevangelium gezeigt wird.

Necati und Semse haben nicht nach solch einer Arbeitsstelle gesucht. Als ihnen aber diese Gelegenheit vor die Füße gelegt wird, gehen sie mit Enthusiasmus darauf ein. Ihr ganzes Leben ist ja schon darauf ausgerichtet, die gute Nachricht von Jesus weiterzu-

Mit dem Zirve-Verlag auf einer Buchmesse.

geben. Dasselbe nun auch als Beruf ausüben zu können, sieht Necati als eine von Gott gegebene Möglichkeit, die er gerne annimmt.

Im Februar 1999 nehmen christliche Gemeinden in Izmir ein größeres evangelistisches Projekt in Angriff: Mit Laienschauspielern aus den jungen Gemeinden, aber mit professionellem Anspruch, soll das Leben von Jesus als Theaterstück einstudiert und öffentlich aufgeführt werden. Die Organisatoren bitten Necati, die Hauptrolle, Jesus, zu spielen.

Über rund zwei Jahre hinweg erstrecken sich die Proben und dann die Aufführungen in den drei größten türkischen Städten Izmir (Weihnachten 1999), Ankara (Ostern 2000) und Istanbul (Ostern 2001). Zu der größten Darbietung im Veranstaltungszentrum des Istanbuler Stadtteils Bostanci kommen rund 2500 Zuschauer. Viele von ihnen sind keine Christen. Von einer der Aufführungen wird auch eine Videoaufnahme gemacht, die später als CD verbreitet wird.

Weihnachten 1999 spielt beim Theaterstück »Das Leben Jesu« im Efes-Hotel in Izmir auch Semse mit. Sie ist – sehr passend –

Necati als Jesus in einem Theaterstück über das Leben von Christus.

eine der Frauen, die am Ostermorgen zum Grab von Jesus eilen. Zu Ostern 2000 in Ankara ist sie dann allerdings zu offensichtlich schwanger, um noch mitspielen zu können.

Necati die Hauptrolle zu geben, ist kein Fehlgriff. Er versetzt sich so glaubwürdig in das Leben von Jesus hinein, dass seine Darstellung wohl der beeindruckendste Teil des Theaterstücks ist. Necati ist aufrichtig und er will Jesus von ganzem Herzen folgen. Seine Frau erzählt später, dass ihm die Rolle, die Identifizierung mit Jesus, geholfen habe, in seiner Beziehung zu Jesus zu wachsen, ihm ähnlicher zu werden – nicht nur auf der Bühne, sondern auch im täglichen Leben.

Rückblickend wirkt es fast wie eine prophetische Entscheidung, dass gerade Necati mit dieser Rolle betraut wurde. Er trägt im Theaterstück das Kreuz, bricht darunter zusammen, geht aber im Gehorsam weiter. Und der wirkliche Necati Aydin folgt diesem Jesus, ist nicht nur in frommen Stunden bereit, sich Jesus nahe zu fühlen, sondern identifiziert sich als sein Nachfolger trotz Ablehnung seitens der eigenen Familie, trotz Gefängniserfahrung und bis zur gewaltsamen Ermordung in seinem Büro in Malatya.

Wenn heute Menschen in der Türkei diese Theater-CD anschauen, reicht das, was sie sehen, sicher nicht an die schauspielerische Qualität von Profis heran. Aber jeder, der weiß, was aus dem Jesusdarsteller geworden ist, bekommt eine Gänsehaut und wahrscheinlich mehr als das, weil er empfindet, dass in diesem Fall Film und Wirklichkeit nicht auseinanderklaffen. Man wird von etwas Authentischem berührt.

Weite Kreise zieht auch das Erdbeben mit 7,8 auf der Richter-Skala, das am 17. August 1999 Izmit und die ganze Region um das Marmarameer im Nordwesten der Türkei erschüttert. Nach offiziellen Angaben sterben dabei 18 000 Menschen, 44 000 weitere werden verletzt. Die Katastrophe in der Türkei löst eine Welle der Hilfsbereitschaft in der ganzen Welt aus. Auch viele Christen, Kirchen und Kirchenbünde möchten helfen und suchen nach Partnern in der Türkei, damit Hilfe gezielt und vertrauenswürdig kanalisiert werden kann. So steht auch die kleine Gemeinschaft evangelischer Christen in der Türkei vor einer großen Herausforderung.

Nach dem Erdbeben sind viele der ausländischen Mitarbeiter und einheimischen Jesusgläubigen monatelang voll im Einsatz, um Hilfsgüter zu verteilen, Projekte zu überwachen und auch ganz persönlich leidenden Menschen zur Seite zu stehen. Eigentlich übersteigt diese Aufgabe die Kapazitäten und den Reifegrad der noch so schwachen türkischen Gemeinde Jesu. Viele Christen sind jedoch begeistert über die Möglichkeit, endlich einmal dem türkischen Volk ganz praktisch demonstrieren zu können: »Wir als Christen lieben euch! Wir sind umfassend an eurem Wohl interessiert. Wir sind nicht, wie die Propaganda euch einreden will, Feinde der Türkei.«

Auch Christen sind in der Erdbebenhilfe nicht immer perfekt organisiert und machen Fehler. Das Echo ist zwiespältig. Zeitungen versuchen, die Erdbebenhilfe als getarnte Propaganda für das Christentum zu diffamieren. Tausende von Muslimen werden aber mit Sicherheit nicht vergessen, dass in einer dunklen Stunde des Landes und ihres Lebens plötzlich Christen da waren, um ihnen beizustehen.

Auch Necatis neuer Arbeitgeber ordert ihn ab nach Norden in die Erdbebenregion. Seine Frau kommt mit, um unentgeltlich ihre Kraft für die Krisenhilfe zur Verfügung zu stellen. Für einige Wochen packt das junge Ehepaar kräftig mit an, um Hilfsprojekte in Gölcük, einer schwer vom Erdbeben betroffenen Stadt, etwa zwanzig Kilometer von Izmit entfernt, zu unterstützen. In den Containerlagern für Menschen, die obdachlos wurden, putzen sie die Toiletten. Unter ärztlicher Anleitung messen sie traumatisierten Menschen den Blutdruck und verbinden kleinere Wunden. Nahrungsmittelpakete werden in Dörfern verteilt, deren übliche Versorgungswege zusammengebrochen sind. Necati und Semse sind mit Freude und Hingabe dabei, die Liebe Gottes auf diese Art weiterzugeben.

Dreißig Tage Gefängnis

Wir sind zu diesem Zeitpunkt in Deutschland bei einem kirchlichen Verein beschäftigt, der ausländische Mitbürger in Deutschland mit dem christlichen Glauben bekannt machen will. Dort versuchen wir, auf unsere Weise zur Linderung der Not im Erdbebengebiet beizutragen. Wir informieren christliche Gemeinden, so dass Christen Geld zur Unterstützung für die Erdbebenopfer geben, das wir an Hilfsorganisationen in der Türkei weiterleiten. Auch wir sind angesteckt von der Begeisterung, ganz praktisch Liebe hineinzuschütten in das Land, das wir im Herzen tragen.

Doch wieder ändert ein Anruf von Semse die Tagesordnung. Am 12. September 1999 sagt sie aufgeregt am Telefon: »Janet, unsere Gemeinde in Izmir ist komplett verhaftet worden!«

Wir trauen unseren Ohren nicht. Während Necati und Semse sowie einige andere Gemeindeglieder der Izmirer Karatasch-Gemeinde sieben Stunden Busfahrt entfernt noch in Gölcük Toiletten putzen und Lebensmittel verteilen, ist am Sonntagmorgen die Polizei in Begleitung eines Fernsehteams in den Gottesdienst der Gemeinde eingedrungen und hat an Ort und Stelle den Großteil der versammelten Menschen in Autos geladen und zur örtlichen Polizeistation verfrachtet. Zur Versorgung der Kinder werden gerade mal ein paar junge Frauen zurückgelassen.

Wie kommt es dazu? Noch bis Ende der 1980er Jahre werden immer mal wieder Christen aus den neu entstandenen protestantischen Gemeinden allein deshalb verhaftet, weil sie sich zum Gottesdienst versammeln. Eigentlich hat sich seitdem der Spielraum für die kleinen Gemeinden erweitert. Die Verfassung der Türkei gewährt seit jeher Religionsfreiheit, ein Urteil des höchsten Berufungsgerichts »Yargitay« hat schon 1985 ausdrücklich neben der Versammlungsfreiheit auch das Recht auf Weitergabe des eigenen

Glaubens als Teil der Religionsfreiheit definiert. Wie man jedoch Gemeinden gründet, in welcher Form und an welchen Orten man sich versammeln darf, welche Arten von Genehmigungen erforderlich sind – für diese Fragen gibt es lange Zeit keinerlei Gesetze und Ausführungsbestimmungen, was immer wieder zur Behinderung des Lebens junger Gemeinden führt.

In der Izmirer Karatasch-Gemeinde treffen sich seit 1994 die Christen in den damals erworbenen zwei untersten Stockwerken eines mehrstöckigen und überwiegend für Privatwohnungen genutzten Gebäudes. Einige Wochen vor der Verhaftung behauptet die Polizei, die natürlich seit Jahren von den Gottesdiensten weiß und auch ganz offiziell informiert ist, dass der Versammlungsort nicht genehmigt sei. Alle Mietparteien im Gebäude müssten unterschreiben, um die gottesdienstliche Nutzung der Gemeinderäume zu erlauben. Das zu erreichen ist angesichts des Gruppendrucks in der türkischen Gesellschaft äußerst schwierig. Obwohl die Gemeinde zur Klärung der Sachlage von sich aus ein Verwaltungsgericht einschaltet, schreitet plötzlich die Polizei ein.

Eigentlich ist den Christen in der ganzen Türkei klar: Hier geht es letztlich um eine behördliche Gegenreaktion gegen das positive Echo, das Christen durch die Erdbebenhilfe erhalten haben. Und Christen wissen, dass hinter den Angriffen von Menschen eigentlich geistliche Mächte stehen. Wir in Deutschland beten, rufen Freunde zum Gebet auf und versuchen, die Öffentlichkeit zu informieren.

Nach einem ganzen Tag auf der Polizeistation werden die Gemeindeglieder wieder entlassen. Die Rechtsstreitigkeiten ziehen sich über Monate hin. Vorübergehend wird das Gemeindehaus versiegelt. Die Karatasch-Gemeinde findet Asyl in einer anderen christlichen Gemeinde in Izmir, bis sie sich wieder in den eigenen Räumen versammeln kann, wo sie bis heute ist.

Die Christen sind auf der Polizeiwache gut behandelt worden – aber wer als Jesusgläubiger oder gar nur als geistlich Suchender plötzlich im Fernsehen als Gottesdienstbesucher und dann auch noch als Gefangener einer Polizeiaktion zu sehen ist, kann danach seine Arbeitsstelle verlieren oder von Verwandten verstoßen werden.

Verhaftung wegen Verbreitung von Neuen Testamenten.

Necati und Semse haben solche Ängste schon hinter sich gelassen. Sie finden es geradezu schade, dass sie an jenem Sonntag nicht mit im Gottesdienst und im Gefängnis waren. Ihr Herz sagt ihnen: »Unsere ›Familie‹ hat etwas Schlimmes erlebt, während wir weg waren.« Aus Solidarität hätten sie das gerne mitgetragen. Sie haben jetzt schon ein Gespür dafür, dass es eine Ehre bedeutet, für Christus zu leiden.

Diese Ehre auch persönlich zu erleben – dazu hat Necati schon bald Gelegenheit. Anfang März 2000 kommt wieder ein Anruf von Semse: »Necati ist im Gefängnis!«

Necati und Ercan, ein anderer Mitarbeiter des Zirve-Verlags, haben Menschen in einem kleinen Dorf in der Nähe von Izmir Ausgaben des Neuen Testaments und christliche Schriften angeboten. Wie üblich nehmen einige die Schriften dankend an, andere lehnen ab oder gucken sogar böse. Als sie weiterreisen, werden sie von der Gendarmerie, der türkischen Militärabteilung mit Polizeiaufgaben in ländlichen Gebieten, in der Kleinstadt Kemalpascha verhaftet und ins dortige Gefängnis gebracht.

Necati ist mittlerweile seit einigen Monaten für seinen neuen Arbeitgeber und für Jesus unterwegs. In der Ägäisregion im Westen der Türkei haben Ercan und er zahlreiche Städte, Kleinstädte und Dörfer besucht und die Verlagsprodukte Buchhändlern, aber auch interessierten Bürgern angeboten. Sie sind mit vielen Menschen ins Gespräch gekommen, haben Neue Testamente und Jesusfilme zurückgelassen und auch am christlichen Glauben interessierte Menschen wiederholt besucht. All das wird von vielen Türken nicht gerne gesehen, ist aber vollständig legal.

Im Bezirk Kemalpascha aber haben die Männer von der Gendarmerie Dorfbewohner dazu genötigt, Necati und Ercan gesetzeswidriger Vergehen zu beschuldigen. Sie geben zu Protokoll: »Die

Männer haben uns gezwungen, Bibeln zu nehmen! Sie haben Beleidigungen und Flüche gegen den Islam ausgestoßen!«

Gegen Necati und Ercan wird schließlich ein Prozess eröffnet wegen »Volksverhetzung und Erregung öffentlichen Ärgernisses« aufgrund von »Beleidigung des Islam und Verteilung Neuer Testamente«. Selbst wenn die Vorwürfe berechtigt gewesen wären – die Männer wegen dieser Vergehen bis zur Gerichtsverhandlung in Gefängnisgewahrsam zu behalten, ist vollkommen unangemessen. Die ganze Aktion muss als bewusster Einschüchterungsversuch gewertet werden.

Wieder bewundere ich von der deutschen Ferne aus Semses Größe in Krisensituationen. Meine Schwägerin hat es nicht immer leicht, mit den kleinen Widerwärtigkeiten des täglichen Lebens umzugehen, aber in den großen Herausforderungen erweist sich ihr radikaler Glaube als authentisch. Dabei ist die Lage für sie zu diesem Zeitpunkt überhaupt nicht leicht. Sie ist im fünften Monat schwanger und der Ausgang des Verfahrens lässt sich durchaus nicht voraussehen. Semse fallen alle möglichen Ungerechtigkeiten und Justizirrtümer ein, von denen sie schon gehört oder gelesen hat. Prozesse können sich in der Türkei selbst für Schuldlose lange in Gefängnishaft hinziehen.

Ermutigung erlebt Semse aber bei ihrem ersten Besuch im Gefängnis von Kemalpascha. Necati ist voller Freude und Tateneifer: »Bring mir beim nächsten Mal meine Bibel und meine Saz (eine türkische Gitarre) mit!«, bittet er.

Necati erzählt, dass er eigentlich anfangs versucht habe, seinen Glauben zu verbergen. In den Großzellen türkischer Gefängnisse mit meist acht bis zehn Männern pro Raum sind die Gefangenen einander ziemlich wehrlos ausgeliefert. Und Necati graut es vor der Möglichkeit, dass irgendein gewalttätiger Insasse seine angestaute Wut an einem »Missionar und Abtrünnigen vom Islam« auslassen könnte. So verhält er sich zunächst sehr zurückhaltend.

»Bist du das nicht da im Fernsehen?«, rufen plötzlich einige Mitgefangene.

Ein Fernsehkanal berichtet von seiner Verhaftung, aber die harten Männer reagieren ganz anders als befürchtet. Necati wird von seinen Mitgefangenen viel Respekt entgegengebracht. Viele nutzen die Gelegenheit, bei einem, der »im gleichen Boot« wie sie sitzt, endlich mal alle Fragen über das Christentum loszuwerden. Necati erzählt gerne, warum er Christ geworden ist, aber er wird in der Untersuchungshaft auch zum Organisator von Fußballspielen und anderen Freizeitaktivitäten.

Als er dreißig Tage später die Haftanstalt verlässt, sind Beziehungen gewachsen, von denen manche über das Gefängnis hinausreichen. Ein Mithäftling kommt später auch mal zur Kirche. Sein Neues Testament spendet Necati der Gefängnisbibliothek.

Doch diesen guten Ausgang kennen Necati und Semse am Anfang noch nicht. Wiederholt trifft sich die Izmirer Gemeinde, um für die zwei gefangenen Gemeindemitglieder zu beten und zu fasten. Schließlich kommt es zum Gerichtsverfahren vor dem Gericht in Kemalpascha. Alle Christen, die gebetet haben, erleben den Verlauf des Verfahrens als wunderbares Eingreifen Gottes. Alle Dorfbewohner, deren Zeugenaussagen die Christen ins Gefängnis gebracht hatten, ziehen ihre Aussagen zurück. Sie geben sogar zu Protokoll, dass die Männer von der Gendarmerie sie zu den Falschaussagen gedrängt haben.

Wegen des Präzedenzcharakters dieses Falles verklagt Necati später mit Rechtshilfe der Kirchen den Staat und erhält Recht. Ihm wird sogar eine, wenn auch geringe, Wiedergutmachung zugesprochen.

Semse, die Necati während der dreißig Tage dreimal im Gefängnis besuchen durfte, kann ihn jetzt wieder in der eigenen Wohnung begrüßen. Die Freude ist groß. Ganz nüchtern betrachtet, merken die beiden aber gleichzeitig, dass ihnen noch einmal eine neue Entscheidung bevorsteht. Sie haben jetzt am eigenen Leibe erfahren, welchen Preis die Nachfolge von Jesus und besonders der vollzeitliche evangelistische Dienst von ihnen fordern können. Sie setzen sich zu einer realistischen Bestandsaufnahme zusammen. Semse bittet ihren Mann: »Necati, mach es nicht nur für unseren Lebensunterhalt. Du kannst auch woanders Geld verdienen.«

Mit dem Tod rechnet damals keiner von ihnen, wohl aber mit neuen Verhaftungen und juristischen Schwierigkeiten. Doch Necati liebt es, für Jesus zu arbeiten. Und so sind sich beide im

Bewusstsein der möglichen Konsequenzen einig, dass er weiter durch Dörfer und Städte ziehen wird, um Menschen mit Jesus bekanntzumachen.

Was ihn dazu treibt, Menschen seines Volkes von Jesus zu erzählen, hat Necati später in einem Lied zu Papier gebracht. Musik hat ihm viel bedeutet. Seine schöne volltönende Stimme war tragend in vielen Anbetungszeiten.

Du warst in der höchsten Höhe,
bist aber zum Niedrigsten geworden.
Du warst allmächtig, bist aber zum Unterdrücktesten geworden.
Du hattest alles, wolltest aber nichts.
Du warst alles in jedem, bliebst aber allein und verlassen.

Das konnte ich nicht verstehen, das konnte ich nicht glauben.
Überhaupt nicht konnte ich das verstehen oder glauben.

Du warst für uns die barmherzige Hand Gottes,
die sich zu uns ausstreckt.
Niemand hatte Mitleid, mit Nägeln wurdest du durchbohrt.
Wie zärtlich bist du. »Vater vergib!« hast du gesagt.
Wie zärtlich bist du. »Vater vergib!« hast du gesagt.

Das konnte ich nicht verstehen, das konnte ich nicht glauben.
Überhaupt nicht konnte ich das verstehen oder glauben.

Die Last der Sünde war auf meinem Rücken, ich lebte unter ihr.
Von ferne hörte ich eine Stimme, sanft und auch müde:
»Auf!«, sagte sie, »gib deine Last. Auch die trage ich.«
»Auf!«, sagte sie, »gib deine Last. Auch die trage ich.«

Das konnte ich nicht verstehen, das konnte ich nicht glauben.
Überhaupt nicht konnte ich das verstehen oder glauben.

Nun trägt der Herr meine Last, und ich lebe frei.
Das Unmögliche, das ich nicht wusste, verstehe ich jetzt.
Herr, ohne dich kann ich nicht leben, ich bete dich an.
Herr, ohne dich kann ich nicht leben, ich bete dich an.

Ich habe verstanden, ich habe verstanden; ich bin zum
Glauben gekommen, ich bin zum Glauben gekommen.
Ich habe wirklich verstanden,
ich bin von Herzen zum Glauben gekommen.

Umzug in unbekanntes Gebiet

Als wir im November 2001 von Deutschland in die Türkei umziehen, wird unsere Beziehung zu Necati und Semse noch intensiver. Nach ihrem Willkommensbesuch gleich im Winter 2001 fahren wir einige Wochen später zu einem Gegenbesuch nach Izmir. Zahlreiche weitere Begegnungen folgen. Immerhin sind Semse und Necati unsere einzigen Verwandten in der Türkei, die bewusst Jesus Christus nachfolgen und ihm dienen wollen.

Semse erlebt daraufhin eine schwierige Zeit. Die Geburt des Sohnes Elisa war kompliziert und er ist ein schwieriges Baby. Nur ein Jahr später kommt Ester zur Welt. In die Rolle als Eltern zweier kleiner Kinder hineinzuwachsen, fordert einiges von beiden. Semse kann sich weniger, als sie eigentlich möchte, mit Necati in den geistlichen Dienst stürzen.

Necati wächst währenddessen in seinem Dienst und in seiner Verantwortung. Mitarbeiterschulungen beim Zirve-Verlag helfen, die Grundlage für seinen Dienst und sein Leben mit Christus noch mehr zu stabilisieren. Bei Besuchen in Izmit ermutigen wir ihn, in unserer kleinen Gemeinde zu predigen. Necati ist kein mitreißender Redner; aber besonders die Menschen in unserer Gemeinde, die ebenfalls aus muslimischem Hintergrund zu Jesus gefunden haben, werden von seiner Echtheit und Glaubwürdigkeit angesprochen.

Bei seinen Reisen an verschiedene Orte der Westtürkei besucht Necati auch Christen, die in einem der vielen, vielen türkischen Orte wohnen, in deren Umkreis es weit und breit keine christliche Gemeinde gibt. Man schätzt, dass in der Türkei in den letzten Jahrzehnten rund neunzig kleine und kleinste evangelikale türkische Gemeinden entstanden sind. Ihrer Größe nach sind manche von ihnen eher als Hauskreise zu betrachten. Insgesamt gehören knapp 3000 Jesusgläubige aus muslimischem Hintergrund zu ihnen –

eine immer noch verschwindend geringe Zahl angesichts der über 70 Millionen Einwohner der Türkei. Zudem sind die Gemeinden sehr ungleich im Land verteilt. Von den neunzig Gemeinden befindet sich mindestens die Hälfte in Istanbul, Ankara oder Izmir, den drei größten Städten des Landes. In vielen der 81 türkischen Provinzen existiert also überhaupt keine christliche Gemeinde.

Manche Menschen, die Necati besucht, sind durch einen Bibelfernkurs zum christlichen Glauben gekommen, für den von Istanbul aus in einigen großen türkischen Zeitungen inseriert wird. Immer mehr religiös suchende Türken nutzen mittlerweile auch die Möglichkeit, im Internet Informationen zu bekommen und online Materialien zum Bibelstudium zu beziehen. Wann immer Necati und andere Mitarbeiter christlicher Verlage in die Nähe solcher Leute kommen, nutzen sie die Gelegenheit zu einem ermutigenden Besuch.

So lernt Necati in der westtürkischen Provinzhauptstadt Kütahya eine junge Frau kennen, die über ihre Teilnahme an einem Bibelfernkurs Christus als ihren Erlöser angenommen hat. Bei den Besuchen von Necati, zu denen manchmal auch Semse mitkommt, wenden sich auch eine Freundin dieser Frau und deren Mutter zum christlichen Glauben. Sie fangen an, miteinander in der Bibel zu lesen und zu beten.

Irgendwann im Laufe des Jahres 2002 beginnen Necati und Semse, für diese verstreuten Gläubigen eine ganz persönliche Verantwortung zu spüren: »Sollten wir nicht umziehen in eine Stadt, wo es noch keine christliche Gemeinde gibt? Dort haben die Jesusjünger keine pastorale Betreuung und die nach Wahrheit suchen keine Chance, ihre Fragen persönlich an überzeugte Christen loszuwerden. Vielleicht sollten wir in Kütahya wohnen?«

Eigentlich geht es der jungen Familie in der Millionenstadt Izmir gut. Dort sind mittlerweile eine ganze Reihe kleiner evangelischer Gemeinden entstanden. Die Familie Aydin lebt in einem Netz von Beziehungen zu ausländischen und türkischen Christen. Necatis Arbeit für Zirve und in der Gemeinde wird geachtet. In der Großstadt, zudem im als weltoffen angesehenen Izmir, können sich Christen freier bewegen, und die Bildungschancen für die Kinder

Die Ehepaare Aydin und Häde.

sind größer – viele Argumente lassen sich dafür anführen, da zu bleiben, wo sie sind.

Necati und Semse beten jedoch das Jahr 2002 über für Kütahya und weihen auch uns in ihre Gedanken ein. Sie wollen nicht den bequemeren Weg wählen, sondern ihr Leben hingeben für die, die noch nicht von Christus gehört haben.

Anfang 2003 entscheidet der Zirve-Verlag, dass er seine Arbeit in den Osten der Türkei ausdehnen will. Necatis Arbeitgeber teilt das Anliegen, neue Menschengruppen zu erreichen. Er will aber lieber gleich weit ausholen und denkt dabei an den Osten des Landes. Als Necati von den Plänen seiner Leiter hört, trifft dies genau mit den Gedanken zusammen, die er und seine Frau jetzt schon länger bewegt haben. Er meldet sich freiwillig dafür, mit seiner Familie in den Osten umzuziehen.

Dabei trifft er auf keine große Konkurrenz bei den anderen Mitarbeitern: Für Türken aus der Westtürkei kann es geradezu ein Kulturschock sein, in den Osten umzuziehen. Der Entwicklungsstand ist dort geringer. Die Mentalität der zum Teil kurdischen

Bevölkerung unterscheidet sich deutlich von den Westtürken. Und der sich leider oft gewalttätig entladende Konflikt zwischen Kurden und Türken ist noch lange nicht ausgestanden.

Necati ist bereit, die Fixierung auf Kütahya aufzugeben. Ich denke, er versteht, dass bei Gottes Führung oft unsere durch den Heiligen Geist geleiteten Gedanken, von Gott eingefädelte Umstände und der Rat anderer Menschen zusammenwirken. Die Leitung von Zirve sieht im Osten drei mögliche Zentren für die Ausdehnung der Arbeit: Trabzon, Van oder Malatya. Trabzon ist die zentrale Stadt für die östliche Schwarzmeerküste. Die Provinz Van liegt ganz weit im Osten an der Grenze zum Iran. Malatya hingegen gilt als das Tor zum Osten, eine Großstadt, von der aus viele andere Provinzen im Osten und Südosten des Landes relativ leicht erreichbar sind.

Necati und Semse können sich jede der drei Städte als Wohnort vorstellen. Sie wissen einfach, dass sie mit dem Evangelium von Christus Menschen erreichen wollen – wo, das ist nicht so wichtig. Dennoch fangen sie an, gemeinsam für die richtige Stadt im Osten zu beten.

Im Frühjahr 2003 fahren wir zu einer Konferenz von Izmit nach Izmir. Natürlich übernachten wir wieder bei unseren lieben Verwandten, der Familie Aydin. Kurz vorher haben wir gehört, dass Malatya eine der Alternativen für den Aufbruch unserer Freunde ist. Da trifft es sich gut, dass ich bei der Konferenz auch einen südafrikanischen Christen treffe. Er und seine Familie überlegen ebenfalls, umzuziehen: von Mersin nach Malatya. Ich mache Necati und diesen Bruder bekannt. Vielleicht kann unser lebendiger Gott das ja nutzen, um ein weiteres Puzzleteil in dem, was wir Führung nennen, einzufügen? Die beiden sprechen miteinander; konkret wird aber noch nichts.

Im Sommer haben Necati und Semse dann endlich Gelegenheit, eine Rundreise anzutreten. Sie machen den Umweg über Izmit, um ihre zwei Kinder in unsere Obhut zu geben. Wir bringen Necati und Semse dann zum Bus nach Malatya. In der Türkei ist man lange Busreisen gewöhnt. Die Fahrt von Izmit nach Malatya dauert mit kurzen Pausen ungefähr vierzehn Stunden. Sie wollen sich Malatya

Die Republik Türkei (Türkiye Cumhuriyeti)

Gründung: 29. Oktober 1923 von Mustafa Kemal Atatürk als Nachfolgestaat des im Gefolge des 1. Weltkrieges zerbrochenen Osmanischen Reiches. *Fläche:* Rund 780 000 qkm (Deutschland: 357 000). *Einwohner:* 71 500 000. *Hauptstadt:* Ankara (4 500 000). *Weitere große Städte:* Istanbul (12 700 000), Izmir (3 800 000), Bursa (2 400 000). Rund 26 % der Bevölkerung sind unter 14 Jahren. *Biblische Orte:* In der heutigen Türkei befinden sich zahlreiche Orte, die im Neuen Testament erwähnt werden, z. B. Antiochia (Antakya), Tarsus, Troas, Lystra, Derbe und alle sieben Orte, die in der Offenbarung genannt werden. *Religionen:* Nach

Karte: © Evangelische Nachrichtenagentur idea e.V.

offiziellen Angaben sind über 99 % der Bevölkerung Muslime, weniger als 0,15 % Christen (rund 100 000) und weniger als 0,04 % Juden (23 000). *Christliche Kirchen:* Armenisch-Apostolische Kirche (60 000), Griechisch-Orthodoxe Kirche (3 500), Katholische Kirche (21 000, verschiedene Riten). Neben drei armenisch-evangelischen Gemeinden in Istanbul und einigen evangelischen Auslandsgemeinden sind in den letzten Jahrzehnten kleine und kleinste türkisch-protestantische Gemeinden entstanden, die vor allem aus ehemaligen Muslimen bestehen. Die Gesamtzahl der Gläubigen in diesen Gemeinden liegt wohl unter 3 000.

Quellen: www.allaboutturkey.com/info.htm, Wikipedia-Artikel »Türkei«

ansehen und dann nach Van weiterfahren. Trabzon käme vielleicht danach noch in Frage.

Zwischendrin bekommen wir einen kurzen Anruf: »Wir kommen ein bisschen später!«

»Na, die nutzen es mal aus, ohne Kinder etwas unternehmen zu können«, kommentieren wir das schmunzelnd.

Als wir Necati und Semse einige Tage später vom Busbahnhof abholen und sie verjüngt und wie ein frisch verliebtes Pärchen wirken, herrschen die gleichen Gedanken vor: »Das hat ihnen aber mal gut getan.«

Aber es ist nicht in erster Linie der Genuss, mal wieder Zweisamkeit erlebt zu haben. Unsere Freunde sind über eine Führung Gottes innerlich zur Ruhe gekommen. Das hat sich bei ihnen bis ins äußere Erscheinungsbild ausgewirkt, sie sehen trotz der langen Reise körperlich erfrischt aus.

Sobald sie in Malatya angekommen waren, haben sie empfunden: »Das ist es. Hier sind wir richtig.« Später beschreiben sie es einfach mit: »Wir hatten Frieden!«

Dafür können sie eigentlich keine äußeren Gründe anführen. Die Stadt ist hübsch. Wenn man im Frühling oder Sommer auf der Straße von Kayseri her nach Malatya herunterfährt, fallen einem die weiträumigen, grünen Aprikosenhaine auf. Aber mit Izmir, der Perle der Ägäis, kann Malatya es sicher nicht aufnehmen. Im weiteren Umfeld findet man meist kahle, seit langem entwaldete Berge. Necati und Semse spüren einfach tief drinnen: »Das ist die Stadt, wo Gott uns haben will.« Sie sehen keine Notwendigkeit mehr, weiterzureisen.

Die Gewissheit, von Gott geführt zu sein, hat Necati und Semse bis zum Tod Necatis nicht verlassen. Selbst heute sagt Semse: »Ich bereue nicht, dass wir damals nach Malatya gegangen sind.«

Necati fährt im Herbst noch einmal alleine in die Aprikosenstadt, um eine passende Wohnung zu finden. Das erweist sich jedoch als schwierig. Er findet nichts, was ihren Vorstellungen entspricht. Das Busticket für die Rückreise nach Izmir ist schon gekauft; aber Necati entschließt sich spontan, die Fahrt um einen Tag zu verschieben. Dann findet er für seine Familie eine sehr gut geeignete Wohnung im Stadtzentrum, groß genug, um auch Besu-

Necati und Semse Aydin mit Ester Bahar und Elisa Günes (2002).

cher aufzunehmen, die dort Gottes Liebe erleben sollen. Der Bus, den Necati eigentlich nehmen wollte, baut in der Reisenacht einen Unfall, wobei ein Mitreisender ums Leben kommt. Semses Bewertung im Rückblick: »Unser Herr wollte wohl nicht, dass mein Mann auf eine solch bedeutungslose Weise stirbt.«

Ugur

Im Sommer oder Herbst 2002 ist ein junger Student der Universität Kocaeli im Fachbereich Bautechnik in unserem Gemeindehaus in Izmit aufgetaucht.

Seine Heimat ist Elazig, die Nachbarstadt von Malatya. Er kommt aus einer Familie, die im Alevitentum verwurzelt ist, einer islamischen Sondergruppe, die aufgrund ihrer liberaleren Lebenseinstellung von vielen muslimischen Hardlinern verachtet wird. In Izmit dient ihm ein Wohncontainer aus der Zeit des Erdbebens als Studentenbude.

Ugur Yüksel, so sein Name, hat kurz zuvor Jesus Christus kennengelernt. Weit weg von seiner Heimat und Familie, hat er viel Zeit gehabt, allein über Gott nachzudenken. Über eine christliche Internetadresse hat er sich ein Neues Testament schicken lassen. Sobald er anfängt, zu lesen, ist für ihn klar: »Da spricht zu mir der Gott, den ich mein Leben lang gesucht habe!« Innerhalb einer Woche liest er das Neue Testament mehrmals komplett durch. Auch ihn beeindruckt die Bergpredigt von Jesus besonders. In kürzester Zeit steht sein Entschluss fest, Jesus Christus zu dienen. Dieser Entschluss bindet ihn an Jesus, und er wird ihn bis zum Leiden und Sterben um seines Namens willen tragen.

Ich lerne Ugur wenig später als einen schüchternen, etwas gehemmten, aber zutiefst zur Treue entschlossenen Menschen kennen. Schon bevor er Jesus findet, sagt er einmal einem guten Freund: »Der Mensch muss entweder für eine gute Sache oder für seine große Liebe sterben.« Später wird er zusammen mit Necati und Tilmann sowohl für eine gute Sache als auch seine große Liebe – die Liebe zu Jesus – sterben.

Ugur macht sich auf die Suche und lernt einen Christen aus Istanbul, der benachbarten Großstadt, kennen. Mit ihm zusammen betet er noch mal ganz »offiziell« dafür, dass Jesus in sein Leben

Ugur Yüksel.

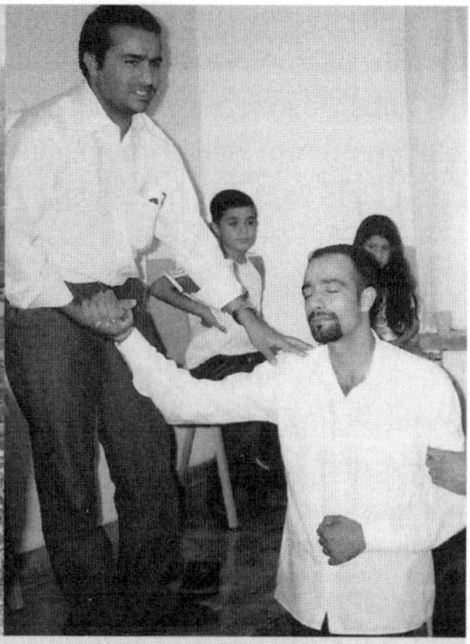

Necati bei Ugurs Taufe.

eintreten möge. Der türkische Glaubensbruder vermittelt ihn in unsere kleine Gemeinde nach Izmit.

Nun sitzt er vor mir auf der Sofaecke, wo wir unsere Bibelstunden durchführen, ist in der Regel still, aber sehr aufmerksam. Wenn er spricht, spürt man das Feuer in ihm – das Feuer einer im Osten der Türkei noch häufiger anzutreffenden unverbrauchten Hingabebereitschaft und das Feuer der Liebe zu Jesus.

Nach einigen Monaten muss Ugur sein Studium abbrechen. Den Eltern fehlen die finanziellen Möglichkeiten, ihn weiter zu unterstützen. Unser neu gewonnener Glaubensbruder kehrt in seine ferne Heimat Elazig zurück. Er versucht dort, sich mit einem kleinen Telefonladen selbstständig zu machen. Fast ein Jahr lang ist er als Christ vollkommen allein. Weit und breit gibt es keine christliche Gemeinde und nicht einmal eine Gruppe von Christen, die sich zum Gebet und Bibellesen treffen. Ugur lebt geistlich von der persönlichen Beziehung zu Christus – und von wiederholten Telefongesprächen mit mir oder anderen Christen aus Istanbul.

Bezeichnend für seine innere Einstellung ist ein Telefongespräch, dass sich meiner Erinnerung eingeprägt hat: »Wolfgang, ich habe gelesen, dass Christen Gott ihren Zehnten, also zehn Prozent von ihrem Einkommen, geben. Wie kann ich der Gemeinde in Izmit Geld zukommen lassen?«

Ich bin ganz gerührt. Oft kommen Menschen in unsere Gemeinde, die Geld wollen – auch weil sie die Lügen in den Medien gelesen haben, Christen würden die Seelen der Muslime mit Dollars kaufen. Aber Ugur will nicht nehmen, sondern geben, weil Jesus ihn innerlich reich gemacht hat.

Als klar ist, dass Necati und Semse nach Malatya umziehen werden, vermittele ich den Kontakt zu Ugur. Bei Necati ist eine solche Verantwortung gut aufgehoben. Er fängt schon vor dem Umzug an, mit Ugur zu telefonieren. Später wächst zwischen Elazig und dem rund neunzig Autominuten entfernten Malatya eine intensive Verbindung, aus der sich eine tiefe Freundschaft entwickelt. Zeitweise treffen sich später auch Christen und an Jesus Interessierte in Elazig zum Bibelstudium.

Bei einem unserer Besuche bei Familie Aydin in Malatya verbringen wir auch Zeit mit Ugur in Elazig. Sein Geschäft läuft nicht gut. Aus finanziellen Gründen kann er immer noch nicht seine langjährige Freundin heiraten. Aber seine Entscheidung für Jesus ist unumstößlich.

Besonders in der Kultur des türkischen Ostens spielen Männerfreundschaften eine herausragende Rolle. Von einem »Dost«, einem echten Freund, erwartet man alles. Er muss immer zur Verfügung stehen und sich besonders in der Not als treu erweisen. Für einen Dost ist man aber auch bereit, alles zu geben. Ugur hat seinen Dost in Jesus gefunden.

Auch Ugur hat wie viele Türken seine Gefühle in Gedichten zum Ausdruck gebracht. Eines davon bringt treffend seine Glaubenshaltung zum Ausdruck:

Hier bin ich

Wir haben geschmeckt vom Brot der Wahrheit.
Wir haben getrunken das Blut der Wahrheit:
Hier ist das Kreuz,
Hier ist das Opfer,
Hier ist die Seele.
Frei ist nun jede Seele, die an ihn glaubt.
Sagt: »Tod, wo ist dein Sieg,
Armut, Elend und Hunger –
Was soll uns das noch tun?«

Weder Enge
Noch Regierungen,
Weder Trübsal
Noch Schwert,
Nichts, wirklich überhaupt nichts,

Weder Tiefes
Noch Hohes,
Keine Macht
reicht aus, uns vom Herrn zu trennen.

Hier ist das Kreuz,
Hier ist das Opfer,
Hier ist der Schuldbrief.
Dieses Blut hat uns
Befreit von jeder Sünde.
Sag, Tod, wo ist dein Sieg?
Hier sind Glaube und Überzeugung,
Hier ist Friede.
Mein Gott, zu dir bin ich gekommen.
Wasche meinen schmutzigen Leib,
Wasche mein Herz!

Und erneuere meinen Geist.
Mein Gott, hier bin ich.
Hier ist der Leib,
Hier ist das Herz,
Hier ist die Seele.

Malatya

Die Provinzhauptstadt Malatya ist vor allem bekannt für ihre Aprikosen. In getrockneter Form werden sie von dort aus in alle Welt verschickt. Von Kayseri, dem antiken Cäsaräa, aus kommt man über einen Höhenweg herab nach Malatya, das selbst schon fast 1000 Meter über dem Meeresspiegel liegt und von einigen Zweitausendern umgeben ist. Zwei der Staatspräsidenten der noch jungen Türkischen Republik, Ismet Inönü und Turgut Özal, stammten aus Malatya, ebenso wie Mehmet Ali Agca, der 1981 Papst Johannes Paul II. bei einem Attentatsversuch auf dem Petersplatz in Rom schwer verwundete.

Ist man in Malatya angelangt, hat man rund zwei Drittel auf der West-Ost-Achse der Türkei zurückgelegt und kann gut weitere Provinzen im Osten erreichen. Die Stadt ist mit ihren über 400 000 Einwohnern nicht klein und doch fällt mir später bei einer Busfahrt von Izmit nach Malatya auf, dass sich viele Leute untereinander zu kennen scheinen. Man redet im Bus schnell miteinander, ist sozusagen »unter sich«. Anders als in der durch Arbeitsmigration aus allen Ecken der Türkei wie ein Flickenteppich zusammen gestückelten Industriestadt Izmit besteht in Malatya noch eine über lange Zeit gewachsene, homogene, daher aber auch eher geschlossene Gesellschaft.

Necati und Semse packen im November 2003 ihre Habseligkeiten aus der kleinen Wohnung in Izmir zusammen und machen sich mit ihren Kindern, die damals drei und zwei Jahre alt sind, auf den langen Weg in ihre neue Heimat. Semse erinnert sich, dass sie bei der Einfahrt nach Malatya unwillkürlich nach dem Gefängnis geschaut hat. Sie rechnet damit, dass Necatis Dienst in der Literaturverteilung ihn auch hier in Gefahr bringen könnte. Dass aber Malatya der Ort des Willens Gottes ist, daran haben beide keinen Zweifel.

In Izmir sind Necati und Semse zum Glauben gekommen und in der Beziehung zu Jesus gewachsen. Nach Malatya gehen sie in dem Bewusstsein, von Gott gesandt zu sein. Hier werden sich für sie große Möglichkeiten zum Dienst und weitere Verantwortungsbereiche erschließen. Semse sagt später, dass sie sich nie nach Izmir zurückgesehnt habe. Das ist ein übernatürliches Geschenk, aber auch eine Begleiterscheinung der Erfüllung und Freude, zusammen mit ihrem Mann direkt am Aufbau einer neuen Gemeinde mitarbeiten zu dürfen. Necati fühlt sich stärker mit Izmir, seiner Heimatgemeinde und den christlichen Geschwistern dort verbunden. Aber auch er stürzt sich mit Eifer in die neuen Aufgaben.

Ein paar Monate zuvor ist bereits mein Bekannter, der südafrikanische Christ, mit seiner Familie nach Malatya umgezogen, und kurz vor der Familie Aydin treffen auch Tilmann und Susanne Geske mit ihren Kindern in der Aprikosenstadt ein. Eine englische Familie folgt bald. Die auf verschiedenen Wegen nach Malatya gelangten Christen entschließen sich, in ihren Häusern gemeinsam Gottesdienst zu feiern – mit jedem, der den Wunsch hat, daran teilzunehmen.

Tilmann hat mit seiner Familie vorher einige Jahre lang in Adana gelebt. In Malatya eröffnet er ein Übersetzungsbüro. Necati arbeitet jetzt im Osten der Türkei für den Zirve-Verlag. Normalerweise trifft er sich mit einem Christen aus einer anderen Stadt des Ostens. Zu zweit fahren sie mit dem Dienstwagen in Dörfer und Kleinstädte. In Buchhandlungen und Zeitschriftenläden bieten sie christliche Bücher an, aber auch in den kleinen Lebensmittelgeschäften oder im Kaffeehaus, dem traditionellen Versammlungsort türkischer Männer, die dort zu Karten- oder Brettspielen zusammensitzen, rauchen, sich bei Fernsehübertragungen von Fußballspielen ereifern, die neuesten persönlichen Nachrichten austauschen und bei all dem aus kleinen Gläschen türkischen Tee schlürfen.

Necati begegnet ihnen sehr höflich und offiziell: »Guten Tag, wir sind von der Verlags- und Verteilgesellschaft Zirve.« Das Risiko, auf Empörung und Ablehnung zu treffen, nehmen er und sein Mitarbeiter dabei bewusst auf sich. Ein paarmal sprechen sie sogar zuerst mit dem »Imam«, dem Vorbeter der Dorfmoschee, um ihn nicht unhöflich zu übergehen.

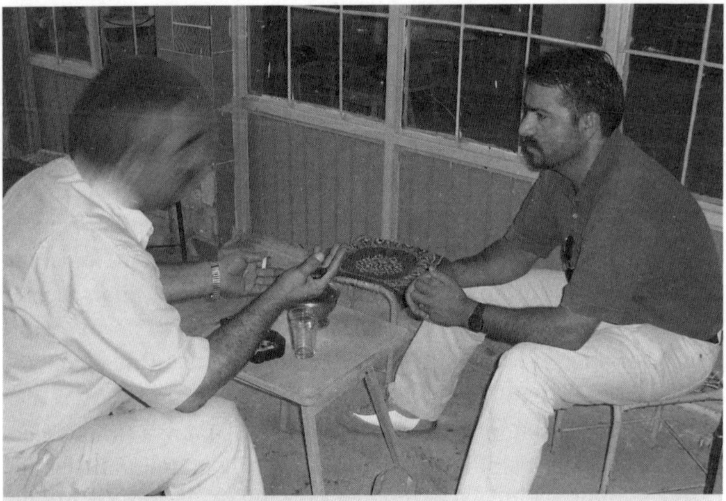

Necati im Gespräch über den christlichen Glauben.

Wieder einmal kommen sie in ein neues Dorf. Im Kaffeehaus und auf der Straße will absolut keiner ein Neues Testament annehmen. Die Angst voreinander, also vor dem gesellschaftlichen Druck, scheint groß zu sein. Necati geht zur Moschee und trifft dort auf offene Türen. Der Imam nimmt das Wort Gottes mit Begeisterung entgegen: »Ich wollte schon immer mal das Indschil lesen!«, sagt er. Als sich das in Windeseile im Dorf herumspricht, bitten plötzlich auch zahlreiche Dorfbewohner um Schriften und CDs.

Necati besucht auf seinen vielen Reisen auch einsame Christusgläubige oder Menschen, die über christliche Internetseiten Literatur bestellt haben. Beständige Kontakte entwickeln sich und nach einiger Zeit versucht er, einzelne Gläubige zu kleinen Gruppen zusammenzufassen und sie zum gemeinsamen Gebet und Bibellesen zu ermutigen. Wenn er Familien persönlich besucht, bittet Necati auch öfter seine Frau, mit ihm zu reisen. Bei Familienbesuchen als ganze Familie zu kommen, entspricht stärker der türkischen Kultur.

Immer wieder werden die Bibelverteiler von der Polizei oder der Gendarmerie aufgegriffen und zur Polizeiwache mitgenommen. Rechtlich gibt es keine Handhabe gegen das, was die Männer machen – aber das hat sich zum Teil noch nicht bis in alle Provinzen herumgesprochen: Bücher, CDs und Audiokassetten werden dann untersucht, die offiziellen Genehmigungen des Verlags begutachtet, neugierige Fragen gestellt. In der Regel kann Necati mit seiner höflichen und respektvollen Vorgehensweise schnell die Herzen der Polizisten gewinnen.

Eines Tages müssen sie wieder zur Polizeistation.

»Was ist das?«, fragt der Kommandant harsch mit Blick auf die Verteilmaterialien.

Necati nutzt die Gelegenheit, mit persönlicher Betroffenheit zu erzählen, was in den Büchern steht und warum er daran glaubt.

Der Kommandant bittet höflich darum, ein Neues Testament behalten zu dürfen. Nur allzu bereitwillig geht Necati darauf ein. Wieder hat das eine Signalwirkung: Die übrigen Beamten haben nun die Freiheit, auch um Gottes Wort zu bitten, und gerne versorgt Necati die ganze Polizeistation.

Göttliche Kettenreaktion

Auch innerhalb von Malatya kommen die neu zugezogenen Boten von Jesus in Kontakt mit Menschen, die auf der Suche sind.

Meltem, eine junge Frau aus Malatya, ist zu Besuch bei ihrer Tante in Izmir gewesen, die dort Jesus kennengelernt und sich einer Gemeinde anschlossen hat. Nach ausführlichen Gesprächen bittet auch Meltem Jesus Christus, in ihr Leben zu kommen. Als Necati und Semse ihren Wohnsitz nach Malatya verlegen, wird durch einige Telefonate schnell der Kontakt zu Meltem hergestellt. Meltem selbst wird zwar nicht lange in Malatya bleiben, aber sie macht Semse mit ihrer Freundin Ayse bekannt.

Die christliche Gemeinde Malatya im Freien.

Taufe in Malatya.

Zu dieser jungen Frau, die mit ihrer Familie in einer Kleinstadt außerhalb von Malatya wohnt, entwickelt sich eine herzliche Freundschaft. Ayse nimmt in Malatya an einem Vorbereitungskurs für die in der Türkei äußerst wichtige Aufnahmeprüfung zur Universität teil. Damit sie nicht jeden Tag die Busreise auf sich nehmen muss, bleibt sie gerne auch mal über Nacht in der Stadt. Bald verbringt sie fast jede Woche zwei bis drei Tage bei Semse und Necati. Hier kann sie nicht den ausführlichen Erklärungen des Evangeliums entkommen, das der leidenschaftlichen Evangelistin Semse so sehr auf dem Herzen brennt. Ayse braucht jedoch lange. Sie nimmt die Entscheidung für ein Leben mit Jesus nicht auf die leichte Schulter. Semse ist enttäuscht, dass sich im geistlichen Verständnis gar nichts zu bewegen scheint.

Als die Familie Aydin im Sommer 2004 zum Urlaub in die Westtürkei fährt, ruft mehrmals jemand auf dem Handy an. Weil die Nummer, die im Display erscheint, unbekannt ist, nimmt Semse aber erst gar nicht ab. Als sie jedoch einige Wochen später nach Malatya zurückkommen, beschwert sich Ayse: »Warum habt ihr denn nicht geantwortet? Ich habe meine Telefonnummer gewechselt. Ich wollte euch doch sagen, dass ich angefangen habe, an Jesus zu glauben!«

Ayse wird daraufhin das erste Glied in einer göttlichen Kettenreaktion. Zuerst bringt sie zu ihren Besuchen in der Wohnung der Aydins ihre Freundin Saliha mit. Wenn geistliche Gespräche aufkommen, sitzt die meist mit betont mürrischem Gesicht, das Ablehnung signalisiert, dabei. Doch irgendwann fragt Semse, ob sie für sie beten könne.

Saliha antwortet spontan: »Ich habe doch schon angefangen, selbst zu beten!«

Semse ermutigt sie, im Gebet Jesus anzunehmen, und auch Saliha tritt in eine neue geistliche Welt ein.

So kommen in den folgenden Monaten mehr als fünf weitere junge Frauen, meist Studentinnen, die sich auf die Aufnahmeprüfung zur Universität vorbereiten, zum Glauben und zur neu entstehenden christlichen Gemeinde von Malatya.

Nur wer weiß, wie eingeschränkt besonders junge Frauen in der türkischen Gesellschaft sind und wie ihre Familien versuchen, sie vor verschiedensten Gefahren abzuschirmen, und ihre Bewegungsfreiheit dadurch sehr begrenzen, der hat eine Vorstellung davon, wie groß das Wunder Gottes unter diesen Frauen ist.

Necati und Semse suchen auch ganz bewusst den Kontakt zu den Familien der Mädchen. Wenn die Eltern oder großen Brüder sehen, dass eine ganz normale und moralisch unbedenkliche türkische Familie vor ihnen steht, wächst oft ein tiefes Vertrauen.

Die Beziehung zu diesen Familien erfordert aber auch Opferbereitschaft. Ein paarmal helfen Necati und Semse mitsamt ihren kleinen Kindern bei der Aprikosenernte in einem Dorf außerhalb von Malatya. Das ist in der Umgebung der Aprikosenstadt Malatya eine dringende Unterstützung, eine wichtige Geste und eine Gelegenheit, miteinander ins Gespräch zu kommen. Semse will unbedingt auch der Mutter einer gläubigen jungen Frau die Botschaft von Jesus erklären. Irgendwie ergibt sich aber keine Gelegenheit.

Dann sitzen die Frauen endlich beim Entsteinen der Aprikosen zusammen, und Semse packt in ihrem Missionseifer die Gelegenheit beim Schopf: »Hör mal, bevor wir gehen, möchte ich dir erzählen, woran wir glauben.«

Sei es auch nur aus Höflichkeit – die Mutter muss zuhören.

Plötzlich fliegt eine kleine Mücke in Semses Mund. »Jetzt nur nicht unterbrechen lassen«, denkt Semse, schluckt das Insekt runter und redet weiter.

Die Frau kommt nicht zum Glauben an Jesus. Semse hört aber, wie sie mit einer gewissen Hochachtung anderen Frauen erzählt: »Diese Semse war so eifrig, mir von ihrem Glauben zu erzählen. Sie hat dafür sogar eine Mücke verschluckt!«

Einmal darf eines der Mädchen zu einer christlichen Jugendfreizeit in die Westtürkei fahren – aus deutscher Perspektive nichts Ungewöhnliches, in der Türkei aber ein Zeichen dafür, wie ungewöhnlich groß das Vertrauen der muslimischen Familie zu Necati und Semse geworden ist.

Auch wenn die Frauen in Malatya schneller damit sind, zu Jesus zu kommen, sammelt sich um Necati im Laufe der Zeit auch ein Kreis interessierter Männer. Als die Zahl der Christusgläubigen größer wird, trifft man sich am Sonntag in zwei Wohnungen zu Gottesdiensten. Necati und Tilmann leiten eine der Gruppen. Sie denken eigentlich nicht daran, Räumlichkeiten für die Gemeinde zu erwerben. Dass ein Gemeindehaus Bedingung für eine echte Gemeinde Jesu ist, steht ja auch nicht in der Bibel. Für größere Veranstaltungen, wie evangelistische Weihnachts- oder Osterfeiern, wird später jeweils ein Versammlungsraum in einem Hotel angemietet. Die Gemeinde Jesu findet ohnehin nicht nur sonntags, sondern gerade während der Woche im Alltag statt.

Für Necati und Semse sind die jungen Christen wie eigene Kinder. Necati erweist sich wieder als begabter Organisator und Unterhalter. Er sorgt für Bowling oder Billard. Männer, Frauen und Kinder – alle sind in den Mannschaftsaufstellungen für Freizeit-Fußballspiele zu finden. Am Wochenende fahren sie gemeinsam zum Picknick ins Grüne. Die jungen Türken, die Religion bisher als etwas Beengendes und Angstmachendes erlebt haben, sehen an Necati, dass ein Leben mit Jesus nicht langweilig ist.

Jeder darf jederzeit anrufen oder auch einfach mal in der Wohnung der Familie Aydin vorbeikommen. Dort wird Tee getrunken,

Eine von Necatis Team renovierte Dorfschule.

werden Spiele gespielt. Da wird aber auch sehr ernsthaft die Bibel studiert. Im Laufe der Zeit bieten Necati und Semse auch Ehekurse an, zu denen Christen und Nichtchristen kommen. Necati zeigt ihnen praktisch, dass auch ein türkischer Ehemann seine Würde nicht verliert, wenn er mal das Geschirr spült, kocht oder die Kinder wickelt. Gemeinde Jesu wird in Malatya äußerst praktisch.

Semse fällt es manchmal schwer zu akzeptieren, dass Necati sich für die geistlichen Kinder fast mehr als für die eigenen einzusetzen scheint. Dazu kommt, dass er wegen seiner Reisen oft tagelang unterwegs ist. Aber Semse steht selbst mit voller Überzeugung im Dienst an den jungen Christen und ist begeistert davon, wie Gott sie gebraucht.

Den Menschen der Provinz Malatya soll jedoch nicht nur einzeln Gottes Liebe demonstriert werden, sondern auch auf gesellschaftlicher Ebene. Mit Unterstützung des Zirve-Verlags sondiert Necati, mit welchen Projekten ganz praktisch ein Beitrag für die Dorfentwicklung geleistet werden kann. Schließlich kommt er auf die Idee, Dorfschulen zu renovieren. Das ist in manchen Dörfern bitter nötig, da dem Staat die Mittel zur Unterhaltung aller Schulen nicht zur Verfügung steht. Necati gewinnt den Ortsvorsteher und die Schulleitung für das Projekt. Zirve spendiert die Materialien. Eine Gruppe junger Leute aus dem westlichen Ausland stellt ihren Urlaub für die praktische Arbeit zur Verfügung und zwei Schulen werden so einer gründlichen Renovierung unterzogen. Mit viel Begeisterung und Spaß setzen sich die jungen Leute unter Necatis Anleitung ein. Seine eher harten Erfahrungen, die er als sehr junger Mann auf der Baustelle gesammelt hat, kommen ihm jetzt zugute.

Necati und die anderen Christen hoffen, auf diese Weise auch öffentlich zeigen zu können: Wir Christen suchen das Beste für unseren Staat und unsere Stadt.

Saat und Ernte des Unheils

Als in Malatya die ersten geistlichen Früchte geerntet werden, beginnt Ende 2004 in der gesamten Türkei eine Medienkampagne gegen Missionare, aber eigentlich gegen alle Christen. Ein islamischer Theologieprofessor ist maßgeblich daran beteiligt und schließlich schaltet sich auch Rahsan Ecevit, die politisch sehr aktive Frau des ehemaligen Ministerpräsidenten Bülent Ecevit, ein. Sie äußert öffentlich eine große Sorge um ihr Land: Aufgrund der ungehinderten Aktivitäten von Missionaren würden viele, besonders junge Leute, negativ beeinflusst. »Din elden gidiyor! Die Religion gleitet uns aus den Händen! Ich möchte mein Land zurückhaben«, lässt sie verlauten.

Frau Ecevit leitet damals mit ihrem Mann die »Demokratische Linkspartei«, deren Name schon die Orientierung im politischen Spektrum ausdrücken soll. Rahsan Ecevit ist bis dahin nie als Verfechterin des Islam hervorgetreten. Zwei Jahre vorher musste ihr Mann nach einer vernichtenden Wahlniederlage seinen Posten als Ministerpräsident räumen. Wahrscheinlich will seine Frau einfach wieder mit einem öffentlichkeitswirksamen Thema die politische Tagesordnung bestimmen.

Seit dem Einmarsch der USA in den Irak ist auch in der Türkei die Bevölkerung noch schneller dazu bereit, bösen Gerüchten über den Westen Glauben zu schenken. Die Aussage der Politikerin verleiht aber dem Kampf gegen missionarische Aktivitäten in den Augen vieler Türken Glaubwürdigkeit und wird so zum Startschuss für weitere Aktionen von Fernsehkanälen und Zeitungen. Missionarische Aktivitäten und das Christentum werden in Artikeln, Kommentaren und Diskussionsrunden besprochen. Zwar kommen zum Teil auch Christen zu Wort, Zuschauer werden davon angesprochen und kommen in die Gemeinden und zum Glauben. Der Grundtenor der Medienkampagne ist jedoch: »Vorsicht! Missionare sind Agenten westlicher Interessen und unterminieren die Einheit unseres Landes. Wenn die Regierung nicht eingreift, muss das Volk selbst etwas tun.«

In unserer kleinen Gemeinde in Izmit bekommen wir das, was die Presse losgetreten hat, bald handfest zu spüren. In der Nacht nach unserer evangelistischen Weihnachtsfeier am 26. Dezember 2004 wird vor unserem Gemeindehaus mit Gummi und Benzin ein Brand entzündet, den Nachbarn glücklicherweise rechtzeitig löschen.

In den folgenden Wochen verleumdet uns eine Lokalzeitung mit der Falschmeldung, wir würden Neue Testamente auf Schulhöfen verteilen.

Fast im Wochenrhythmus werden Fensterscheiben eingeworfen und schließlich ein Molotowcocktail in einer Bierflasche in Richtung unseres Versammlungsraums im Obergeschoss geschleudert. Glücklicherweise springt der Brandsatz vom Fensterrahmen zurück.

Durch Gottes Bewahrung entsteht bei allen Attacken nur leichter Sachschaden. Wahrscheinlich ist das Ganze auch nur als ernste Drohung gedacht. Die Kirche wirklich abzufackeln, wäre eine große Gefahr für den dichtbebauten und mit Erdgasleitungen vernetzten Stadtteil gewesen.

Erst nachdem wir nicht nur immer wieder die Polizei rufen, sondern mit unserem Protest auch bis zum stellvertretenden Gouverneur vordringen, hören die Angriffe auf. Für einige Wochen steht unser Gemeindehaus vierundzwanzig Stunden täglich unter Polizeischutz.

Einige Monate später malen Unbekannte mit roter Farbe ein großes Hakenkreuz auf unsere Wohnungstür im zweiten Geschoss eines achtstöckigen Gebäudes mit rund dreißig Wohnungen.

Als ich morgens kurz nach sieben Uhr die Tür öffne, um meine Tochter zur Schule zu bringen, sehe ich dieses Machwerk und finde einen handgeschriebenen Drohbrief am Boden. Darin erklärt uns jemand in gebildeter Ausdrucksweise und höflich gewählten Worten, dass wir Schaden gegen die Türkei anrichteten und daher innerhalb eines Monats das Land zu verlassen hätten.

Türk Ocağı'ndaki konferansa Türk Ortodoks Patrikhanesi Basın Sözcüsü Erenerol da katıldı:

"Misyonerlik siyasi faaliyet"

Türk Ocağı'nın konferansında konuşan Türk Ortodoks Patrikhanesi Basın Sözcüsü Sevgi Erenerol, misyonerliğin siyasi faaliyet olduğunu, bir milleti, bir devleti bölüp parçalamayı hedeflediğini ileri sürdü.

Türk Ocağı İzmit Şubesi tarafından düzenlenen "Türkiye'de Misyonerlik ve Faaliyetleri" konulu konferans önceki akşam Sabancı Kültür Sitesi'nde gerçekleşti.

Konferansta Türk Ortodoks Patrikhanesi Basın Sözcüsü Sevgi Erenerol ile Araştırmacı Gazeteci Ali Rıza Baysan konuştu.

Bekirpaşa Belediye Başkanı Abdullah Köktürk, MHP Merkez İlçe Başkanı Derya Difioğlu ve çok sayıda davetlinin izlediği konferansa konuşmacı olarak Araştırmacı Yazar Ali Rıza Baysan ile Türk Ortodoks İstanbul Patrikhanesi Basın Sözcüsü Sevgi Erenerol katıldı. İlk konuşmayı yapan Sevgi Erenerol, Türkiye gerçeklerinden sözederken Türkiye'de insanların sağ ve sol olarak kamplara bölündüğünü, belirli kesimlerin parayı her şeyden üstün tuttuğunu, Para Allah'tır düşüncesinin hakim olduğunu belirterek şöyle devam etti:

MİSYONERLERİN AMACI BAŞKA

"Gücü elinde bulunduran, tüm dünyaya hakim olmak isteyen para imparatorluğunun [illegible] direnen son ülke, Türkiye'dir. Türkiye de çökerse, dünya onların eline geçecektir. Osmanlı'yı yıktıkları gün, her şeye hakim olacaklarını sanıyorlardı. Ama Atatürk gibi bir adam çıktı, tüm oyunlarını bozdu. Bu saldırıların siyasi ve kültürel olanları var. Misyonerliği din değiştirme olarak [illegible] ler. Aslında bu bir oyundu. Misyonerlik din değiştirme değil, siyasi bir faaliyettir. Toprakları ele geçirme, insanları kendi milletine ve devletine karşı

Schlagzeile einer türkischen Zeitung: »Missionarswesen ist politische Aktivität«.

Um der Drohung Nachdruck zu verleihen, ruft man mich genau einen Monat später und noch einmal zwei Wochen danach ganz offiziell im Mafiastil auf dem Handy an: »Wir hatten ihnen doch einen Brief geschickt. Die Zeit ist um. Bitte nehmen sie sehr ernst, was wir ihnen mitgeteilt haben.«

Beim zweiten Anruf sitzt Janet, die ja selbst Türkin ist, neben mir. Sie lässt sich von mir das Telefon reichen und staucht den Anrufer zusammen: »Wie können sie so mit uns reden! Das ist eine Schande für einen Türken!«

Der Mann ist danach mir gegenüber geradezu empört darüber, dass ich meine Frau ans Telefon gelassen habe. Morddrohungen werden wohl als Männersache angesehen. Aber unserer Familie geschieht durch die Gnade Gottes – vielleicht auch durch das energische Eingreifen meiner Frau – nichts.

Wie üblich stürzen sich die Medienvertreter irgendwann auf ein anderes Thema. Der Same der Ablehnung und Gewalt, der damals reichlich ausgestreut wird, geht aber später weitläufig auf und führt zu noch schlimmeren Gewalttaten. Eine erste blutige Frucht ernten die Medien schon bald:

Am 5. Februar 2006 wird in der Großstadt Trabzon am Schwarzen Meer der italienische katholische Priester Andrea Santoro beim Gebet in seiner kleinen Kirche von hinten erschossen. Zeugen haben gehört, dass der minderjährige junge Mann, der den Mord begeht, kurz vor den tödlichen Schüssen *»Allahu Akbar!* – Allah ist groß!« gerufen hat.

Auch in Malatya spüren Necati und Semse Angriffe. Schon relativ kurz nach ihrem Umzug starten einige Lokalzeitungen ihre negative Berichterstattung: »Missionare kommen jetzt auch nach Malatya!«

Einige Zeit später erwarten die Christen eine größere Sendung mit Neuen Testamenten aus Istanbul. Irgendwie spricht sich herum, dass die Kisten bei der Filiale des Paketdienstes angekommen sind. Junge extreme Nationalisten organisieren daraufhin eine Protestkundgebung vor dieser Filiale mit Transparenten und Sprechchören. Bibeln werden als Bedrohung empfunden.

Wie schmerzlich müssen solche Erfahrungen für Necati gewesen sein. Er kommt mitten aus diesem Volk. Weil er es liebt, will er das Wertvollste, was er hat, mit ihm teilen. Aber er wird als Unruhestifter, als Zerstörer des Landes gebrandmarkt.

Im Februar 2005 nimmt in Malatya die Lokalzeitung »Bakis«, was »Blick« bedeutet, die Christen ins Visier und titelt: »Hauskirchen in jedem Stadtteil«. Man hat sie angeblich sogar gezählt und kommt in Malatya auf 48 Hauskirchen. Das ist blanker Unsinn, aber viele Menschen glauben es. Von rund 50 Kirchen in Malatya sprechen später auch Necatis Mörder in ihren Aussagen vor der Polizei.

Nicht lange vor seinem Märtyrertod für Jesus erzählt Necati einmal seiner Frau, dass ein Mann in sein Büro gekommen sei und beim Hinausgehen Drohungen ausgestoßen habe. Necati nimmt solche Gefahren scheinbar nicht so ernst. Oder nimmt er sie sehr ernst und will nur seine Frau nicht beunruhigen? Oft lässt mein Schwager Gedanken und Gefühle nicht leicht nach außen dringen. Jedenfalls lässt er sich von den offensichtlichen oder vermuteten Gefahren nicht davon abhalten, im Gehorsam gegenüber Gott seinen Dienst weiterzuführen.

Größere Verantwortung

Im Laufe des Jahres 2006 wird Necati in der kleinen, aber wachsenden christlichen Gemeinde von Malatya zum Pastor eingesetzt. Die Glaubensgeschwister, die mit ihm arbeiten, erkennen damit sein »Hirtenherz« an, das Gott ihm als geistliche Gabe gegeben hat. Treu und in allen möglichen Variationen einzelnen Gemeindegliedern oder Christen, die irgendwo einsam leben, nachzugehen, ist eine seiner großen Stärken. Ich selbst profitiere zeitweise auch davon, als Necati regelmäßig ermutigende Bibelverse als SMS an zahlreiche christliche Freunde verschickt.

Die Gemeinde Malatya hat sich schon vorher entschlossen, eine Partnerschaft mit einer länger bestehenden türkischen Gemeinde einzugehen. Die Kurtulus-Gemeinde (»Kurtulus« heißt Rettung, ist aber auch der Name eines der Stadtteile Ankaras), eine Hauptstadtgemeinde, wird nach schon länger bestehenden Kontakten im Jahr 2005 zu ihrer Muttergemeinde. Der Pastor der Kurtulus-Gemeinde, Ihsan Özbek, wird zu einem brüderlichen Berater in Gemeindefragen.

Necati ist niemand, der sich in eine Führungsposition hineindrängt, aber auch der Zirve-Verlag erkennt, dass er Potential für mehr Leitungsverantwortung hat. Schon im Februar 2005 wird er zum Koordinator für die Verteilteams des Verlages berufen. Zusätzlich zu seinen eigenen Verteil- und Besuchsreisen hat er jetzt auch die Aufgabe, Mitarbeiter an verschiedenen Orten der Türkei aufzusuchen, mit ihnen gemeinsam ihre Arbeit zu planen und Strategien zu entwickeln.

Auch in diesem Dienstbereich wächst der junge Christ immer mehr in pastorale Verantwortung hinein. Er übt das aus, was sein ehemaliger Vorgesetzter heute »eine großartige Mischung aus Gnade und Wahrheit« nennt. Er kann sich gut in die Lage der türkischen Mitarbeiter hineinversetzen und bringt ihnen gera-

Semse und Necati in ihrer Malatya-Zeit.

dezu zärtliches Verständnis entgegen, sagt aber auch da, wo er es geistlich für nötig hält, die korrigierende Wahrheit. In seiner Kritik können die anderen, wenn sie offen dafür sind, heraushören, dass er nicht von oben herab spricht, sondern dass Necatis Herzblut mit einfließt.

Nach seinem Tod hat ein ehemaliger Mitarbeiter Necatis letzte E-Mail an seine Mitarbeiter veröffentlicht, in der er sie zu hingebungsvoller Liebe anspornt:

Liebe Brüder,

ich möchte Euch mit der Bruderliebe, an die Christus mich wieder neu erinnert hat, mit tiefer Liebe umarmen. Ich küsse Euch mit dem heiligen Kuss. Heute Abend haben ich und Semse an jeden Einzelnen von Euch gedacht und für Euch gebetet. An Euch zu denken und Euch in unseren Gebeten zu halten, hat uns große Freude bereitet.

Grundlegend für meine Gefühle, die ich Euch zumindest ein bisschen auf unserer Versammlung in Antalya mitgeteilt habe, ist, dass ich die Notwendigkeit dafür empfinde, dass wir mehr Bruderliebe haben. Ich bin schon seit Jahren fern von meinen leiblichen Geschwistern und habe ihre Liebe nicht. Da will ich nicht auch noch die Liebe meiner Geschwister im Geist entbehren. Ich bin mir sicher, dass die Liebe, die ich brauche und nach der ich mich sehne, auch von Euch verlangt wird.

Ich habe mit einigen Brüdern persönlich gesprochen. Die Unzufriedenheit und die Klagen, die sie äußerten, waren eigentlich ein Ausdruck des Bedürfnisses nach mehr Liebe. Weil sie die einzigartige Liebe, die sie in Christus sehen, auch vom Bruder erwarteten, hatten sie darin eigentlich auch nicht Unrecht. Aber wenn wir auch manchmal mit der Logik, zu der die Welt uns rät, denken und handeln, so ist doch das, was wir eigentlich wollen, »so zu handeln, wie wir wollen, dass andere uns behandeln«, das heißt mit Liebe, mit Freundschaft, mit Aufrichtigkeit und Wahrheit. *Ertragt einander, und seid bereit, einander zu vergeben, selbst wenn ihr glaubt, im Recht zu sein. Denn auch Christus hat euch vergeben* (Kolosser 3,13).

Das sagt doch viel, dass wir, die wir dem Gott dienen, den wir nicht sehen, vergessen, den Geschwistern Liebe zu zeigen, die wir jeden Tag sehen, woran wir uns gewöhnt haben. Wenn wir von dem Bruder unser Recht verlangen, dann müssen wir auch unser Recht drangeben können. Wenn wir Respekt erwarten, dürfen wir nicht vergessen, Respekt zu erweisen, uns nicht ständig zu beklagen, sondern zu danken. Statt das Falsche oder die offene Flanke des anderen zu suchen, müssen wir vielmehr darüber nachdenken, wie wir das reparieren können. *Vor allen Dingen aber habt untereinander eine anhaltende Liebe! Denn die Liebe bedeckt eine Menge von Sünden* (1. Petrus 4,8; Elberfelder).

Was Gott an unserem Dienst am meisten gefällt, ist, wenn wir die Geschwister lieben, und zwar so, wie wir uns selbst lieben. Als ich euch fragte: »Wer von Euch ist bereit, sein Leben für die Geschwister zu geben?«, wollte ich nicht eine übertriebene Heldengeschichte hören. Aber ich wollte zu dieser Sache, die, wenn es darauf ankommt, für Euch und für mich schwer zu tun sein wird, hören: »Durch den, der mich mächtig macht, möchte ich sogar das tun.« Mit einem, der mich in der Notzeit alleine lässt und flieht, möchte ich nicht in den Krieg ziehen. Ich möchte, dass ich einen Bruder habe, der mich auf die Schultern nimmt. Ich möchte mit einer Liebe ausgerüstet sein, die so groß ist, dass ich den Bruder auf meinen Schultern tragen kann. Meine Liebe zum Bruder soll trotz des Bruders nicht aufhören oder weniger werden. Ich bete vielmehr darum, dass ich mich den Schwierigkeiten stelle, die der Bruder mir macht, und dadurch in der Liebe vollkommen werde. *Deshalb setzt alles daran, Gott zu vertrauen, und zeigt das durch ein vorbildliches Leben. Jeder soll sehen, dass ihr Gott kennt. Diese Erkenntnis Gottes zeigt sich in eurer Selbstbeherrschung. Selbstbeherrschung erfordert Ausdauer, und aus der wiederum erwächst wahre Liebe zu Gott. Wer Gott liebt, wird auch seine Brüder und Schwestern lieben, und schließlich werden alle Menschen diese Liebe zu spüren bekommen* (2. Petrus 1,5–7).

Liebe Brüder, ich weiß, dass wir, die wir zusammenarbeiten, uns manchmal gegenseitig zermürben, uns Sorgen und Probleme bereiten, und dass es in solchen Situationen nicht leicht ist, ruhig und richtig zu handeln, habe ich selbst oft erlebt. Was wir zuerst tun, ist in der Regel, einfache und vorübergehende Lösungen zu finden und das Problem vielleicht eine Weile aufzuschieben. Aber was wir für eine tiefgehende Lösung tun müssen, ist, über unser Problem einander auf richtige und aufrichtige Weise, mit Bruderliebe und ohne laut zu werden, das Herz zu öffnen und zu versuchen, das Problem zu lösen, bevor die Sonne untergeht. Darin liegt mit Sicherheit Segen.

Wir sind einander als Gnade gegeben. Im Moment des Problems ist es sicher schwer, das zu verstehen und anzunehmen. Aber das ist Gottes Plan und der Bruder ist eine Gnade für uns. Wir müssen Eifer zeigen, damit die Segnungen, die Gott durch uns unserem Volk und der Welt geben will, nicht durch unsere egoistische Haltung überschattet werden. Was Gott jedem von uns gegeben hat, müssen wir auf bestmögliche Weise nutzen, damit die Gelegenheiten, die aus unserem Dienst erwachsen, nur zum Segen sind. Das ist dann ein Verhalten, das dem Ziel entspricht. *Heute gebe ich euch ein neues Gebot: Liebt einander! So wie ich euch geliebt habe, so sollt ihr euch auch untereinander lieben* (Johannes 13,34).

Und so lautet mein Gebot: Liebt einander, wie ich euch geliebt habe (Johannes 15,12).

Liebe Brüder, damit Ihr Euch untereinander mehr liebt, möchte ich Euch ermutigen und der Liebe Gottes anbefehlen. Ich möchte, dass Eure Liebe und Eure Freude vollkommen seien. Ich möchte, dass Gott uns mit Bruderliebe erfüllt. Dann können wir seinen Willen auf würdige Weise erfüllen.

Noch einmal umarme und küsse ich Euch mit Liebe.
Viele Grüße,
Necati

Seit 2006 gehört auch Ugur Yüksel zu Necatis Mitarbeitern. Schon vorher ist er wie ein älterer Sohn für Necati und Semse und wie ein Onkel oder großer Bruder für die kleinen Kinder geworden. Die Aydins gehen mit ihm durch seine finanziellen Schwierigkeiten und durch die Ablehnung seitens seiner Familie. Als er Mitarbeiter beim Zirve-Verlag wird, zieht er von Elazig nach Malatya um und wohnt drei Monate lang bei der Familie Aydin, bis er eine eigene kleine Wohnung findet.

Schon lange plant er, eine junge Frau zu heiraten, aber immer wieder türmen sich Hindernisse auf: Finanzen, Glauben, Zustimmung der Eltern. Necati und Semse haben ihm manchmal scherzhaft gesagt: »Ihr werdet wohl mal im Himmel heiraten.« Sie wussten nicht, wie nah Ugur dieser unsichtbaren Wirklichkeit war.

»Müssen wir erst noch mehr leiden?«

Im Januar 2007 wird in Istanbul auf offener Straße der armenische Journalist Hrant Dink, Herausgeber der politischen Wochenzeitung »Agos«, erschossen. Der Mord ist die Tat extremer türkischer Nationalisten. Hrant Dink war kein Evangelist. Lange Zeit hat er sogar recht fern gelebt vom Glauben seines christlichen armenischen Volkes. Als er stirbt, stellt sich jedoch heraus, dass seine Frau Rachel Dink überzeugte Christin ist und dass sich auch Hrant Dink in den letzten Jahren seines Lebens persönlich zu Christus bekannt hat.

Die Trauerfeier für Hrant Dink wird live über mehrere türkische Fernsehkanäle, darunter auch CNN und NTV, übertragen. Eine persönliche Botschaft der Witwe Rachel Dink und die Ansprache des armenisch-orthodoxen Patriarchen von Istanbul Mesrob II. Mutafyan sind jedoch so durchdrungen von der guten Nachricht von Jesus Christus, dass wir plötzlich merken: Im schrecklichen Leiden eröffnet sich die Chance, dass diese Botschaft von Jesus gehört wird. Einige Wochen später schreibe ich in einem Brief an Freunde, die für uns beten, über dieses Ereignis:

> Es schien uns, als gehe da eine Tür bei vielen Menschen auf, weil Mitmenschen aus großem Leiden heraus glaubwürdig redeten. Viele Menschen sehnen sich hier nach authentischen, glaubwürdigen Worten. *Müssen wir und die Gemeinde Jesu in der Türkei erst noch mehr leiden,* um glaubwürdiger als bisher Zeugen für die Barmherzigkeit Gottes zu sein? Wie können die Menschen sonst merken, dass es nicht um Rechthaberei im Widerstreit religiöser Meinungen geht, sondern um die Botschaft der Rettung vom ewigen Tod?
>
> Betet mit für eine leidensbereite und hingegebene Gemeinde Jesu in der Türkei (wir eingeschlossen)!

Oft litten ich und andere christliche Mitarbeiter darunter, dass die Verkündigung des Evangeliums als etwas Politisches abgestempelt wurde oder quasi wie ein Match »die gegen uns« oder »wir gegen die« wahrgenommen wurde: »Da kommen die Ausländer, die uns etwas anderes, Fremdes aufdrücken wollen. Dagegen wehren wir uns.«

Aber als eine Christin vor dem Sarg ihres Mannes von Vergebung und Liebe redete, als sie mit Tränen in den Augen die Botschaft von Jesus, dem Retter auch der Türken, in die Öffentlichkeit brachte, da merkten viele Zuhörer, dass das eine Botschaft der Hoffnung auch für sie ist.

»Wir eingeschlossen« hatte ich extra zu der Ahnung von Leiden hinzugefügt. Dass wir nur gut einen Monat später so direkt darin eingeschlossen sein würden, ahnten wir nicht.

Noch ein paar Tage vor Necatis Tod unterrichte ich bei einem Bibelseminar türkische Gemeindemitarbeiter in Ankara. Das Thema ist »Die Verfolgung von Christusgläubigen im Römischen Reich«.

Gott bereitet mich jedoch noch mehr auf das schreckliche Ereignis vor, das am 18. April 2007 folgen soll. Neben meinen Aufgaben als Pastor der kleinen Izmiter Gemeinde übersetze ich gelegentlich auch Artikel oder Bücher vom Englischen ins Deutsche. Einige Monate vor den Morden von Malatya beginne ich mit der Übersetzung eines Buches des Kanadiers Glenn Penner: *In the Shadow of the Cross – A Theology of Persecution* (deutsch: *Im Schatten des Kreuzes – Eine Theologie der Verfolgung*). Der Autor geht die Bibel dabei buchstäblich von Mose bis zur Offenbarung zum Thema Verfolgung durch.

Bibelstellen zu diesem Thema habe ich schon vorher gekannt. *Alle aber auch, die gottesfürchtig leben wollen in Christus Jesus, werden verfolgt werden.* So klipp und klar steht es etwa in 2. Timotheus 3,12 (Elberfelder). Ich erinnere mich auch daran, dass es vor einigen Jahrzehnten etwas moderner war, von Verfolgung zu reden, die man damals eher vom Kommunismus auf uns zukommen sah.

Als junger Theologiestudent arbeitete ich im Kreis für junge Erwachsene einer christlichen Gemeinde mit. Als wir uns mit dem

Thema Verfolgung beschäftigten, haben wir uns in einer dunklen Unterführung getroffen, um das Ganze ein bisschen anschaulicher zu machen. Als in Deutschland aufgewachsener Christ habe ich die Wirklichkeit von Verfolgung jedoch nicht erlebt. Bibelstellen, die vom Leiden aufgrund des Glaubens an Christus sprechen, haben wir versucht, auf die kleinen Herausforderungen unseres Alltags anzuwenden oder darauf, beim Zeugnis für Jesus auch mal ausgelacht zu werden.

Als Jesus Christus seine zwölf Jünger jedoch darauf vorbereitet, »das Kreuz zu tragen«, spricht er nicht nur von »jeder hat so sein Kreuz ...« – der eine eben Rückenschmerzen, der andere Probleme mit den Kindern. *Und wer nicht sein Kreuz aufnimmt und mir nachfolgt, ist meiner nicht würdig. Wer sein Leben findet, wird es verlieren, und wer sein Leben verliert um meinetwillen, wird es finden* (Matthäus 10,38–39; Elberfelder). Wer damals hört, er solle »sein Kreuz aufnehmen«, der hat plastisch vor Augen, wie zum Tode Verurteilte zu ihrer Hinrichtungsstätte getrieben werden. Und als Jesus diese Worte lehrt, weiß er, dass zehn seiner zwölf Jünger – alle außer Judas Ischariot und Johannes – einmal buchstäblich den Märtyrertod sterben werden, dass sie aufgrund ihres Glaubens an ihn hingerichtet werden sollen.

Penner zeigt in seinem Buch auch tiefschürfend auf, dass Gott nicht erst bei der Kreuzigung von Jesus zum »leidenden Gott« wurde. Schon im Alten Testament wird uns offenbart, wie Gott aus Liebe das Risiko von Leiden auf sich nimmt. Er riskiert, zurückgewiesen zu werden, und leidet an der Ablehnung seines Volks (etwa Jesaja 65,1; Psalm 78,40). Und er leidet mit seinem Volk, weil er sich mit ihm solidarisiert. Die Sklaverei, die Israel in Ägypten durchleidet, lässt den liebenden Gott nicht kalt (2. Mose 2,23–24).

Dann kommt Gott in Jesus in diese Welt und offenbart sich ganz eindeutig als Leidender. Nicht erst sein Tod ist Leiden für die Rettung der Welt. Das ganze Leben in unserer von Sünde und Tod verseuchten Welt ist für den Sohn Gottes, der »Sünde nicht kannte« und aus der absolut reinen Herrlichkeit des Himmels kam, ein beständiges Leiden. Dann lesen wir, dass wir »Nachfolger« von Jesus werden sollen, also so leben sollen, wie er gelebt hat. Er nimmt seine Nachfolger in sein Leben und Sterben mit hinein

Der Autor und sein Schwager.

(Römer 6,3–4). Ja, Jesus in seinem Sterben zu gleichen, ist geradezu die Voraussetzung dafür, ihm auch in seinem Leben zu gleichen (2. Korinther 4,10). Wie können wir dann erwarten, als Nachfolger von Jesus ohne Leiden für ihn durchzukommen?

Der erste Mensch, der auf dieser Erde starb, war ein Märtyrer: Abel starb um seines Glaubens willen. Kain konnte nicht ertragen, dass sein Bruder von Gott angenommen war. Und der letzte Mensch, der vor der Wiederkunft von Jesus stirbt, wird voraussichtlich wieder ein Märtyrer sein. So jedenfalls kann man die Antwort deuten, die den bereits gestorbenen Märtyrern von Gott gegeben wird, als sie fragen, wann endlich das gerechte Gericht Gottes komme. Ihnen wird gesagt, *dass sie ruhen müssten noch eine kleine Zeit, bis vollzählig dazukämen ihre Mitknechte und Brüder, die auch noch getötet werden sollten wie sie* (Offenbarung 6,11). Wenn der letzte Märtyrer stirbt, dann kommt Jesus.

Gott hatte mich innerlich und inhaltlich auf das vorbereitet, was wir später erlebten. Das heißt nicht, dass wir alles souverän durchlebt haben. Aber die Frage: »Kann Gott so etwas zulassen?« kam mir nach Necatis Tod nicht in den Sinn. Jesus hat uns über die Kosten der Nachfolge nicht im Unklaren gelassen.

Treu bis zum Tod

Necati und seine Familie sind im Februar 2007 bei uns zu Besuch. Die Kinder haben zwei Wochen Ferien. Wir erleben viel Schönes zusammen. Ein Höhepunkt ist das Schlittenfahren auf dem Kartepe, dem rund 1600 Meter hohen Gipfel vor den Toren Izmits. Abends tanzen wir zusammen in unserem Wohnzimmer: Necati mit seiner Tochter Ester, ich mit Debora, dann Necati mit Semse und ich mit Janet. Wir können alle nicht gut tanzen – aber die körperliche Bewegung gehört zum Ausdruck von Freude in der türkischen Kultur. Besonders Ester genießt es offensichtlich, die »Prinzessin« ihres Papas zu sein. Bei Elisa, dem Sohn, eignen sich eher Ringkämpfe, um väterliche Nähe auszudrücken.

Am Sonntag predigt Necati noch einmal in unserer kleinen Gemeinde. Nach dem Gottesdienst hat er ein intensives Gespräch mit Okan, einem Studenten, der seit kurzem unsere Veranstaltungen besucht. Okan erzählt mir später, dass das Gespräch mit Necati ihm ganz wichtige Impulse gegeben habe.

Höchstens ein bis zwei Wochen nach Necatis Predigt fragt er mich, ob er dessen Telefonnummer haben könne. In einer Chatgruppe auf einer christlichen Internetseite habe ein junger Mann ihm gesagt, er wolle gerne Christen in Malatya kennenlernen. Nach Rücksprache mit Necati gebe ich Okan nur die E-Mail-Adresse der Gemeinde von Malatya. Man ist in der Türkei mit dem Austausch persönlicher Daten eher vorsichtig. Dass dadurch der Kontakt zwischen Necati und seinen Mördern angebahnt wurde, erfahren wir erst gut zwei Monate später von der Polizei.

Necati trifft sich nach kurzem E-Mail-Wechsel persönlich mit diesem Interessierten. Der Name des jungen Mannes ist Emre Günaydin.

»Semse, ich treffe mich mit einem jungen Mann aus dem Studentenwohnheim. Er wirkt nicht ehrlich. Ich glaube nicht, dass er echtes Interesse an Jesus hat«, erzählt Necati seiner Frau irgendwann nebenbei. Solche Menschen kommen öfter mit Christen in Kontakt.

»Immerhin ist es eine Möglichkeit, dass er die Rettungsbotschaft von Jesus einfach mal hört«, meint Semse und ermutigt ihn dazu, die Gelegenheit zu nutzen. »Aber sei vorsichtig und nimm ihn nicht mit ins Büro, wenn du alleine bist.«

Noch einige Male hat der spätere Mörder Gespräche mit Necati und Ugur.

Am 8. April, am Ostersonntag, veranstaltet die kleine christliche Gemeinde von Malatya eine evangelistische Feier in einem gemieteten Raum des Hotels Altin Kayisi, »Goldene Aprikose«. Weihnachts- und Osterfeiern sind für die Christen in der Türkei eine hervorragende Gelegenheit, um auf natürliche Weise Informationen über ihren Glauben weiterzugeben. Christen an ihren Feiertagen aufzusuchen, kann als Höflichkeitsgeste ausgelegt werden. Wer dann mal zur Kirche geht, kommt in seinem Freundeskreis nicht gleich in den Verdacht, ernsthaft am Christentum interessiert zu sein.

Auch Ostern 2007 sind zahlreiche muslimische Freunde der Einladung gefolgt. Ein kleines Theaterstück erklärt die Auferstehung von Jesus, Necati führt durch das Programm, ein Gastredner aus einer anderen Stadt hält die Kurzpredigt. Ein paar junge Männer, unter ihnen Emre Günaydin, kommen an die Tür. Eigentlich gehören sie nicht zu den Eingeladenen.

Ugur, der an der Tür die Gäste empfängt, ist unsicher und hält erst einmal Rücksprache mit Necati. Der erlaubt, dass Emre an der Osterfeier teilnimmt. Die jungen Männer brechen schon nach einer guten halben Stunde wieder auf. Wer ihnen begegnet, empfindet ihre Ausstrahlung als unangenehm und unruhig.

Aber die Osterfeier ist eine große Ermutigung für die jetzt rund fünfzehn bis zwanzig Christen, die sich zur Gemeinde von Malatya zählen. Fröhlich treffen sich Necati und Semse noch mit einigen Christen zum Abendessen und zum Rückblick auf den Gottesdienst.

Necati hat es jedoch eilig. Gleich am nächsten Tag fliegt er nach Deutschland. Erstmals ist er als Redner auf eine christliche Konferenz außerhalb der Türkei eingeladen. Christen aus Deutschland und einigen Nachbarländern wollen von ihm mehr darüber lernen, wie man Menschen aus der Türkei das Evangelium erklären kann. Necati hat sich gut auf die Vorträge vorbereitet.

Necati in Deutschland – eine Woche vor seinem Tod.

Zuhörer erinnern sich später, wie einfühlsam er in Deutschland über die Erfordernisse des Zeugnisses gegenüber Türken gesprochen hat. Als Einleitung gibt er Gedanken weiter, die ihn kennzeichnen und gleichzeitig wie sein Vermächtnis sind. Mit Verweis auf 1. Korinther 9 sagt er:

»Wenn wir dienen, dann machen wir das für einen unvergänglichen Siegeskranz. Den Lohn für unsere Arbeit kann uns nur Gott selbst geben. Wenn wir aber dienen, dann müssen wir es von Herzen machen. Und wir müssen das Volk, dem wir dienen, lieben. Wenn wir dienen wollen, dann müssen wir aufhören, zu verurteilen. Wenn wir nicht verurteilen, dann segnen wir das Volk!«

Semse, Elisa und Ester warten in der Zwischenzeit ungeduldig auf den Ehemann und Vater. »Wenn Necati zu Hause war, dann war Leben da. Wenn er auf Reisen war, blieb irgendwie das Leben für uns stehen«, erinnert sich seine Frau.

Necati kommt erschöpft, aber fröhlich, am nächsten Sonntagabend wieder. Den folgenden Montag und Dienstag nimmt er sich frei. Die ganze Familie genießt das Zusammensein. Am Dienstagabend rauft Necati so richtig mit Elisa und Ester. Ringkampf ist ihr Lieblingsspiel mit dem Vater. Die beiden Kinder prusten vor Lachen und Glück.

Necati als Vater.

Semse will auch noch Zeit mit ihrem Mann verbringen: »Eigentlich wollte ich ihn schon ins Wohnzimmer rufen«, erinnert sie sich. »Aber dann hatte ich den unerklärbaren Eindruck, sein Spiel mit den Kindern nicht abkürzen zu sollen. Später verstand ich, dass das der Abschied des Vaters von seinen Kindern war.«

Beim gemeinsamen Fernsehen stoßen Necati und Semse später am Abend auf einen konservativ-islamischen Kanal. Dort läuft gerade ein Dokumentarfilm gespickt mit falschen und hetzerischen Aussagen über den christlichen Glauben.

Necati wendet sich zu Semse: »Weißt du, als ich im islamischen Internat war, haben sie uns auch solche Filme gezeigt, um uns gegen den christlichen Glauben voreingenommen zu machen.«

Am nächsten Morgen weckt Semse allein die Kinder und bringt sie um sieben Uhr Richtung Schule und Kindergarten. Sie gönnt es Necati, noch mal ausschlafen zu können, bevor er wieder voll in die Arbeit einsteigt.

Tilmann, Ugur und Necati.

Bei ihrer Rückkehr wacht Necati halb auf. Er schließt Semse in die Arme und gesteht: »Heute will ich irgendwie gar nicht aufstehen.« Gemeinsam lesen sie in der Losung, einem Büchlein, das für jeden Tag des Jahres Verse der Bibel auflistet. Dort steht 1. Samuel 17,45: *Und David antwortete dem Philister* (Goliath)*: Du kommst zu mir mit Schwert, Lanze und Kurzschwert. Ich aber komme zu dir mit dem Namen des Herrn der Heerscharen, des Gottes der Schlachtreihen Israels, den du verhöhnt hast* (Elberfelder). Aus dem Neuen Testament ist 1. Johannes 5,4 an der Reihe: *Denn alles, was von Gott geboren ist, überwindet die Welt; und dies ist der Sieg, der die Welt überwunden hat: unser Glaube* (Elberfelder). Dann lesen sie noch gemeinsam Psalm 86,14–15: *Hochmütige Menschen lehnen sich gegen mich auf! Sie tun sich zusammen und schrecken vor keiner Gewalttat zurück. Sie wollen mich umbringen! Von dir, Herr, wollen sie überhaupt nichts wissen. Aber du bist ein gnädiger und barmherziger Gott. Deine Geduld ist groß, deine Liebe und Treue kennen kein Ende.* Mit Necatis Lieblingslied: »Wie tief ist die Liebe des Vaters« und gemeinsamem Gebet wird die Familienandacht beendet.

Gegen elf Uhr verlässt Necati die Wohnung. Ein Lächeln vom Etageneingang des Fahrstuhls aus ist die letzte Erinnerung, die Semse an ihn hat.

Die fünf jungen Männer, die Necatis Mord planen, sind schon gegen acht Uhr beim Büro. Dort befindet sich zu diesem Zeitpunkt noch niemand. Sie ziehen sich daraufhin in das Zentrum für asiatische Sportarten zurück, das Emres Vater betreibt, und trinken Kaffee. Bevor sie sich wieder Richtung Büro des Zirve-Verlags auf den Weg machen, führt jeder der jungen Männer seine rituellen Waschungen durch. Ehe sie sich zum Morden aufmachen, widmen sie sich noch einem außerplanmäßigen Gebetsritual. Es nennt sich »Dankgebet«.

Um 12 Uhr 30 holt Semse die Kinder aus der Schule ab. Schon gegen 13 Uhr erhält sie den Anruf von Ercan aus dem fernen Izmir: »Auf das Büro ist geschossen worden!« Ercan hat durch einen Anruf eines Christen aus Malatya gehört, dass etwas Schreckliches passiert ist.

Semse erinnert sich: »In dem Moment war es mir, als werde heißes Wasser über meinen Kopf gegossen.«

Sie versucht zuerst, Necati, dann Ugur telefonisch zu erreichen: keine Antwort.

Einige Stunden lang lebt sie in der schrecklichen Ungewissheit, was denn nun wirklich im Zirve-Büro passiert ist. Dann sieht sie im Fernsehen, wie Ugur noch lebend, aber blutüberströmt von Polizisten aus dem Bürogebäude getragen wird. Sie lässt einen Schrei der Verzweiflung heraus.

Sofort kommt ihre kleine Tochter Ester: »Mama, was ist denn los? Warum hast du so geschrien?«

»Um meine Kinder zu schützen, habe ich in dem Moment mein Herz verschlossen und den Schlüssel ins Meer geworfen«, erinnert sich Semse. »Aber gleichzeitig legte Gott seine Hand auf mein Herz und entzog mich sozusagen den Ereignissen. Es war, als sähe ich von einem erhöhten Standort auf das Geschehen herab.«

Nach Stunden des Wartens ruft sie die Polizei an: »Sagen Sie mir doch bitte klar, ob mein Mann gestorben ist!«

»Gut, wir melden uns, sobald wir Sicheres wissen.« Die Polizei meldet sich nie bei ihr.

Gewissheit, dass Necati wirklich tot ist, erhält sie aus Fernsehberichten. Die Tatsachen haben sich bestätigt: Necati, Ugur und Tilmann sind brutal ermordet worden.

Nicht nur die Polizei, auch sonstige Vertreter des Staates scheinen Semse zu meiden. Niemand Offizielles kommt, um sein Beileid zum Ausdruck zu bringen.

Der türkische Ministerpräsident bringt öffentlich seine Abscheu über die Bluttat zum Ausdruck; aber einen Satz empfinden viele türkische Christen als zusätzliche Verletzung: »Dass ein deutscher Staatsbürger in die Sache mit dem Verlagshaus verwickelt ist, erweitert die Dimension der Sache natürlich noch.« So ungefähr lässt Tayip Recep Erdogan im Fernsehen verlauten. Das mag diplomatisch gesehen richtig sein.

Die Botschaft, die viele türkische Christen mit ihrem Erfahrungshintergrund zwischen den Zeilen herauszuhören meinen, ist aber: »Dass Ausländer Christen sind, dagegen haben wir natürlich nichts und die müssen wir schützen. Aber den Christen im eigenen Land bringen wir weniger Respekt entgegen. Zumal zwei Männer dem Islam den Rücken gekehrt und das Christentum angenommen haben – da reden wir lieber gar nicht drüber.«

»Ich vergebe!«

Für Semse und ihre Kinder beginnt eine Zeit, die sie an die absoluten Grenzen ihrer Kräfte bringt. Nicht nur, dass der Gedanke »Necati ist nicht mehr da« immer wieder wie die scharfen Messer der Mörder in ihr Herz dringt, sondern dass gleichzeitig das Leben weitergeht, so viele Entscheidungen getroffen werden müssen, auch dass viele Freunde und Mitchristen nicht wissen, wie sie sich in einer solchen Situation verhalten sollen – dass alles fordert sie bis zum Äußersten.

Nicht nur viele Christen brechen unmittelbar nach den Todesmeldungen nach Malatya auf, um zu helfen und zu trösten – auch das Heer der Medienvertreter ist schnell vor Ort.

Dass sowohl Semse als auch Susanne, die Frau von Tilmann Geske, sehr bald öffentlich erklären: »Wir vergeben den Mördern!«, findet ein ungeheures Echo in Zeitungen, Fernsehkanälen und auf Internetseiten. Natürlich haben die beiden das nur im Glauben und ohne Garantie für ihre eigene Gefühlswelt sagen können; aber es wirkt glaubwürdig.

Der Kommentator einer großen türkischen Tageszeitung bemerkt ein paar Tage später sinngemäß: »Die Mörder wollten die Aktivitäten der Missionare hindern. Aber was diese Frauen durch ihre öffentlichen Aussagen in ein paar Tagen bewirkt haben, das hätten 1000 Missionare in 1000 Jahren nicht schaffen können.«

In einer solchen Lage Vergebung auszusprechen, läuft dem Gerechtigkeitsempfinden vieler Türken total zuwider. Daher drücken auch manche Menschen ihren Unmut darüber aus, wie man solch brutalen Mördern vergeben könne. Heißt das, dass man die eigenen Männer nicht wirklich geliebt hat? Menschen, die Christus nicht kennen, können nicht verstehen, dass diese Art von Vergebung ein übernatürliches Geschenk Gottes ist. Vergebung schließt auch nicht den Wunsch ein, dass die Mörder vor weltlichen Strafen

Tilmanns Witwe Susanne Geske und Semse.

verschont bleiben sollen. Vergebung heißt, auf eigene Rache, auch auf Gefühle der Rache, zu verzichten und die Mörder im Namen von Jesus zu segnen.

Semse: »Mein größter Wunsch ist, dass die Mörder von Herzen umkehren, wie der Apostel Paulus vor Jesus zusammenbrechen und dann wie Necati Zeugen der Vergebung Gottes werden. Dann wäre Necatis Tod nicht umsonst gewesen.«

Semse empfindet, dass sie so jetzt nicht in Malatya bleiben kann. Gleich nach Necatis Beerdigung, die in Izmir stattfindet, der Stadt ihrer Liebe, zieht sie mit ihren Kindern zu uns nach Izmit.

Malatya bleibt jedoch in ihrem Herzen. Mit den Christen in Malatya steht sie in regem telefonischen Kontakt und versucht trotz ihres eigenen Schmerzes, ihre »geistlichen Kinder« zum Bleiben bei Jesus zu ermutigen. Die ersten Termine des Prozesses gegen die Mörder, der im November 2007 beginnt, nutzt sie zu Besuchen bei Christen in Malatya.

Semse an Necatis Grab.

Semse bleibt nicht im Selbstmitleid hängen, sondern setzt sich zusätzlich mit allen ihren Kräften in unserer kleinen Gemeinde in Izmit ein.

Innerlich ganz zur Ruhe zu kommen, ist jedoch auch in Izmit schwer für sie. Die Mörder von Necati, Ugur und Tilmann haben nämlich ausgesagt, dass sie eigentlich auch mich, den Schwager von Necati, umbringen wollten. Sie hatten geplant, nach den Morden von Malatya nach Izmit zu kommen. Mir wird daraufhin von der türkischen Polizei ein Personenschützer gestellt. Auch Izmit ist also ein »heißes Pflaster«, was das Leben als Christ betrifft.

Natürlich gehen Semse und ihre Kinder darüber hinaus auch gefühlsmäßig durch verschiedene und schwierige Phasen der Verarbeitung ihres Traumas. Später können sie eine intensive christliche Therapie in Anspruch nehmen.

Aber durch alles hindurch bleibt für Semse klar, dass sie sich nichts anderes vorstellen kann, als Jesus Christus weiter nachzufolgen. Und sie empfindet trotz allem Schmerz, dass ihr geliebter Mann von Jesus mit diesem besonderen Tod als Märtyrer geehrt wurde.

Bringt Verfolgung Erweckung?

Jesus hat gesagt: *Ein Weizenkorn, das nicht in den Boden kommt und stirbt, bleibt ein einzelnes Korn. In der Erde aber keimt es und bringt viel Frucht, obwohl es selbst dabei stirbt* (Johannes 12,24). Dabei hat er nicht nur an seinen eigenen Tod, sondern auch an den Märtyrertod vieler seiner Nachfolger gedacht.

Ist nach dem Sterben dreier Christen in Malatya geistliche Frucht zu sehen? Punktuell haben wir konkrete Erfüllungen dieses Versprechens von Jesus erlebt oder von ihnen gehört:

Bei einem Gottesdienst in einer anderen türkischen Großstadt kurz nach den Morden sagen Türken unter dem Eindruck dessen, was geschehen ist, Ja zu einem Leben mit Christus.

Ein junger Mann in Malatya, den wir später persönlich kennenlernen, hat vorher schon durch Christen aus Malatya von Jesus gehört. Als Necati stirbt, merkt er plötzlich, wie ernst und glaubwürdig diese Botschaft ist. Er wendet sich auf radikale Weise zu Christus.

Ein türkischer Pastor in der Südtürkei beginnt sich nach dem Tod seiner Glaubensbrüder schrecklich zu schämen. Als Beamter hat er sich bisher davor gescheut, die Religionseintragung in seinem Personalausweis offiziell ändern zu lassen, obwohl das durchaus möglich ist. »Das könnte ja Nachteile bringen«, hat er gedacht. Nun trifft es ihn bis ins Mark: »Diese Brüder waren bereit, sich für ihren Glauben umbringen zu lassen. Und ich wage es nicht mal, mich offiziell zu Jesus zu stellen.« Als endlich »Christ« in seinem Personalausweis steht, berichtet er seiner Gemeinde davon und hört überrascht, dass einige andere Gemeindeglieder unabgesprochen den gleichen Schritt gegangen sind.

Selbst aus anderen Ländern hören wir von geistlichen Auswirkungen des Märtyrertodes der drei Christen. So schreibt uns eine

Grabaufschrift vorne: *Der erste christliche türkische Märtyrer – Massaker von Malatya, 18.4.2007.* Seitlich: *Jesus sagt: Wer an mich glaubt, wird leben, auch wenn er stirbt.*

Frau aus Deutschland, wie sie unter dem Eindruck der Berichte aus Malatya den Entschluss fasste, ganz Christus zu gehören.

Die weltweite Solidarität der Gemeinde Jesu ist in dieser Situation eine große Ermutigung. E-Mails, Briefe, Spenden, Besuche zeigen, dass in vielen Ländern Christen intensiver für die Türkei und auch besonders für Semse zu beten beginnen.

Wir hören aus Afghanistan, Indien, Israel und vielen anderen Ländern, wie das Geschehen von Malatya ein großes Echo ausgelöst hat.

Erweckung? In der Türkei sehen wir noch nicht viel davon. Unsere Gemeinde in Izmit schrumpft. Christen oder solche an der Schwelle einer Entscheidung bleiben plötzlich weg, weil ihnen der Preis der Nachfolge von Jesus zu hoch erscheint. Ähnliches hören wir auch von anderen Orten in der Türkei. Verfolgung löst nicht automatisch Erweckung aus. Sie bedeutet vielmehr eine Krise, die von uns eine Antwort erfordert. Vielleicht benutzt Gott die Morde zu einer Reinigung: Manche Christen entschließen sich zu einem ausschließlichen Vertrauen auf Christus. Wer bisher nur kam, weil es »mal etwas anderes« war oder sogar Vorteile versprach, mit den christlichen Ausländern zusammen zu sein, weiß jetzt, dass Leiden um Christi willen eine sehr realistische Option ist. Messbar ist diese Reinigung in den Gemeinden der Türkei ebenfalls noch kaum.

Wir haben aber die Verheißung von Jesus und daher die große Gewissheit, dass der Märtyrertod von Necati, Ugur und Tilmann geistliche Frucht bringen wird. Die gestorbenen Weizenkörner werden nicht allein bleiben. Und wir haben den Eindruck, im April 2007 ganz nah an der Wirklichkeit des Reiches Gottes gewesen zu sein, wo die Wegbeschreibung von Jesus, die immer auch das Leiden einschloss, zutraf; wo es Märtyrer gab, die wirklich das Kreuz trugen; wo drei Männer als Nachfolger von Jesus im wahrsten Sinne des Wortes wie Lämmer zur Schlachtbank gingen und ihrem Herrn treu waren bis zum Tod.

Verantwortung der Christen in Deutschland

Türken haben ein feines Gespür für symbolische Gesten. Und ich habe den Eindruck, dass auch Gott symbolische Botschaften benutzt.

In Malatya starben zwei türkische Christen, einer davon, nämlich Necati, aus einer sunnitischen, also der Hauptrichtung des Islam verhafteten Familie, ein anderer aus der islamischen Sondergruppe der Aleviten. Mit ihnen starb ein deutscher Bote von Jesus in der Türkei.

Mein Gebet war bald nach den Morden, dass wir diese Symbolik Gottes richtig verstehen. Dass wir als Ausländer, die in der Türkei Jesus dienen wollen, verstehen, dass dazu Liebe und Hingabe nötig sind – gegebenenfalls bis zum Tod. Und dass türkische Christen und die Menschen in der Türkei verstehen, dass es unter den Ausländern solche gibt, die wirklich nicht als Abgesandte ihrer Nationen, als Vertreter der westlichen Zivilisation in der Türkei sind, oder vielleicht sogar, weil es sich in der Türkei bequemer leben lässt, sondern weil sie ganz einfach dem Befehl von Jesus Gehorsam leisten. Zumindest einer der ausländischen Christen ist diesen Weg bis in letzter Konsequenz gegangen.

Dass Gott zwei Türken und einen Deutschen gemeinsam zu Märtyrern für Jesus werden ließ, ist aber auch eine Botschaft an Christen in Deutschland.

Deutsche und Türken weisen besondere historische Berührungspunkte auf. Ob uns die Geschichte gefällt oder nicht – dass wir im Ersten Weltkrieg Verbündete waren, haben mir immer wieder türkische Freunde erzählt und davon eine besondere Nähe und einen Vertrauensvorschuss abgeleitet. Seit den 1960er Jahren kamen immer mehr Menschen aus der Türkei als Arbeitsmigranten nach Deutschland. Heute liegt die Zahl der Türkeistämmigen in Deutschland vermutlich bei fast drei Millionen. Damit hat der souveräne Gott seiner Gemeinde in Deutschland eine besondere Gelegenheit vor die Füße gelegt, diesem großen Volk mit Worten und Taten seine Liebe in Jesus nahezubringen. Doch diese Gelegenheit ist noch weitgehend ungenutzt.

Trotz dieser besonderen Geschichte von Deutschen und Türken gibt es weit weniger Deutsche, die Jesus in der Türkei dienen wollen, als etwa US-Amerikaner oder Koreaner. Ich weiß, dass dramatische Gesten uns Deutschen fremd sind. Doch nun haben wir durch Malatya eine »Blutsbrüderschaft« in der reinsten und geheiligsten Form. Nicht um wieder gemeinsam Krieg zu führen, sondern um gemeinsam auf gleicher Augenhöhe als deutsche und türkische Gemeinde Jesu diesem wichtigen Land das Evangelium zu bringen.

Längst gehen nicht mehr nur Deutsche in die Türkei, sondern vereinzelt kommen auch türkische Christen zum Zeugnis nach Deutschland. Einige Tage vor seinem Tod hat Necati selbst Christen in Deutschland dazu aufgerufen, in Liebe zu den Türken das Evangelium weiterzusagen.

All das wird nicht leicht sein. Wir sind so verschieden. So leicht gibt es Missverständnisse, auch unter von Jesus ergriffenen Menschen. Aber wir können nicht zu der Zeit vor dem 18. April 2007 zurückkehren – nicht in der Türkei und auch nicht in Deutschland.

Zum Schluss

Habe ich Necati zu positiv geschildert? Sicher wäre es im Sinne meines Schwagers gewesen, auch seinen Schwächen mehr Raum zu geben.

Wir haben auch Streit zwischen Necati und Semse miterlebt. Ich könnte versuchen, Grenzen in seiner Persönlichkeit akzentuierter zu zeichnen. Necati hatte es beispielsweise nicht immer leicht, seine eigenen Nöte gegenüber seinen Glaubensbrüdern zu offenbaren. Und sicher könnte ich auch Punkte aufspüren, an denen er nach heutigem Verständnis noch Heilung gebraucht hätte.

Aber im Blick auf Necati, den ich besser kenne, ebenso jedoch auf Tilmann und Ugur, scheint es mir wesentlicher, dass ihr Leben etwas Ganzheitliches widerspiegelt. Necati war ein Mann, dessen Herz bei Jesus war. Das lässt sich nicht mit der ausführlichen Schilderung einzelner Charaktermerkmale wiedergeben, das ist ein Gesamteindruck. Er war kein Superheld, aber ich bin überzeugt, einem »Menschen nach dem Herzen Gottes« nahe gewesen zu sein.

Und jetzt sind eventuelle Charakterschwächen sowieso kein Thema mehr. Jetzt steht er vor dem Thron Gottes, gehört zu den *Seelen derer, die umgebracht worden waren um des Wortes Gottes und ihres Zeugnisses willen* (Offenbarung 6,9; Luther) – und ist für immer vollendet.

Necati, mein Schwager, mein Bruder,

während ich schreibe, kommen Tränen in meine Augen. Ich vermisse dich. Du fehlst deiner Familie, du fehlst mir und vielen Christen in der Türkei, deren Leben du berührt hast. Aber ich bin stolz auf dich und ich bin stolz auf Jesus, der dein Leben ergriffen und vollendet hat. Und ich werde stolz sein, falls Jesus mir die Ehre gibt, einen Teil der Frucht deines Sterbens in der Türkei einzusammeln.

Und wenn wir eines Tages alle zusammen vor Gott und seinem Opferlamm Jesus anbeten werden, dann gehörst du zu jenen Menschen, in deren Nähe ich im großen Chor der Erlösten gerne stehen möchte, nicht nur wegen deiner schönen, kräftigen Stimme, sondern wegen der Echtheit deines Lebens, die es mir leichter gemacht hat, an Jesus zu glauben und bei diesem großen Abschlusskonzert anzukommen.

Danke, Necati!

Ich sage: Möge der Tod uns nahe sein!

Ist er nicht sowieso immer nahe?
Ich gehe, ohne Abschied,
ohne es der sagen zu können, die ich liebe,
ohne satt geworden zu sein;
zur Liebe, zur Wahrheit, zur Schönheit, zum Guten
renne ich in jedem Moment meines Lebens,
um in jedem Moment anzukommen, am Ziel, in der Ewigkeit.

Möge der Tod uns nahe sein!

Ich gehe, am Ende des Weges,
beim Schweigen, während ich rede,
am Punkt, wo ich brenne.
Alle Berechnungen sind schließlich
unter meinen Augenlidern.
Beim Puls des Herzens, der leben lässt,
beim Atemholen an jedem Tag,
bei jedem Sonnenuntergang,
wenn die Winde schweigen,
wenn die Rosen verblühen,
bei der Geburt, um zu leben,
geht das Leben immer auf den Tod zu.
Wenn wir leben, um zu sterben,
wenn der Tod ein Teil von uns ist,
dann fürchte dich nicht vor dem Tod.
Umarme ihn, umfange ihn,
halte ihn bei der Hand, um ihn nicht loszulassen.

Möge der Tod uns nahe sein!

Sei das letzte Wort auf meinen Lippen.
Lass dich nicht hören, sprich nicht, gehe nicht weg.
Zum Schluss, Tod, nimm mich in deine Arme,
um zusammenzukommen, ohne uns zu trennen.
Umarme mich.
Ich komme und schluchze: Halleluja!

(Aus dem Band mit Gedichten Necatis: *Necati Aydin – Benim Adim Göklerde Yazili!,* Istanbul 2008, Gercege Dogru Kitaplari, S. 46–47, »Ölüm bize yakin olsun«.)

Mehr aus dem Neufeld Verlag

Timothy J. Geddert

Verantwortlich leben

Wenn Christen sich entscheiden müssen

Mit einem Vorwort von Peter Strauch
Paperback, 217 Seiten
ISBN 978-3-937896-49-6, Nr. 588.649

Wie reagieren Kirchen und Gemeinden auf scheiternde Ehen? Geht es die anderen etwas an, wie ich mit meinem Geld umgehe? Wie steht die Bibel zu Homosexualität? Und wer sagt, was richtig ist? »Das Ziel des Ganzen ist, dass wir als Gemeinden lernen, in ethischen Fragen biblisch zu denken und verantwortlich zu handeln.«

Timothy J. Geddert

Gott spricht durch die Bibel

Warum hören wir so unterschiedlich?

Geheftet, 32 Seiten
ISBN 978-3-937896-46-5, Nr. 588.646

Die Bibel ist die Grundlage unseres Glaubens. Dennoch sind Christen sich längst nicht immer einig, wie sie zu verstehen ist. Enthält sie nicht auch zeitgebundene Aussagen? Was kann uns dabei helfen, die Bibel nicht willkürlich auszulegen? Tim Geddert zeigt in dieser Broschüre – einem Auszug aus »Verantwortlich leben« – verständlich und konkret, wie wir Gottes Reden durch die Bibel hören und verstehen können. Gruppentauglich!

NEUFELD VERLAG

www.neufeld-verlag.de